QICHE DIANGONG JICHU RUMENPIAN

汽车电工
基础入门篇

蔡永红 主编

化学工业出版社

·北京·

图书在版编目（CIP）数据

汽车电工．基础入门篇／蔡永红主编．—北京：化学工业出版社，2019.4
ISBN 978-7-122-33815-0

Ⅰ．①汽⋯　Ⅱ．①蔡⋯　Ⅲ．①汽车-电工-维修-基本知识　Ⅳ．①U463.6

中国版本图书馆CIP数据核字（2019）第019823号

责任编辑：周　红	文字编辑：冯国庆
责任校对：张雨彤	装帧设计：王晓宇

出版发行：化学工业出版社（北京市东城区青年湖南街13号　邮政编码100011）
印　　装：北京缤索印刷有限公司
787mm×1092mm　1/16　印张10　字数237千字　2019年4月北京第1版第1次印刷

购书咨询：010-64518888　　　　　　　售后服务：010-64518899
网　　址：http://www.cip.com.cn
凡购买本书，如有缺损质量问题，本社销售中心负责调换。

定　价：68.00元　　　　　　　　　　　　　　　　　　　　版权所有　违者必究

前言

随着汽车保有量的增加,国内对汽车专业技术人才的需求也越来越大。由于电子技术的不断发展以及人们对汽车安全、舒适性能要求的不断提升,汽车电子控制系统日趋复杂,这对汽车电工技术人才的要求也越来越高。对于一些对汽车电工技术一无所知或略有一点基础的人来说,要想成为一名合格的汽车电工技术人员,无论是通过学校系统的学习,还是自学成才,都需要一些合适的学习材料。选择好的汽车电工技术图书,不但可以让学习者轻松迈入汽车电工技术大门,而且能让学习者的技术水平快速提高,很快成为汽车电工技术领域的行家里手。为此我们编写了《汽车电工 基础入门篇》《汽车电工 技能提升篇》。

本套书特点是基础起点低,内容由浅入深,语言通俗易懂,在表现形式上采用图文并茂和用粗体文字标注重点内容,是一套特别适合汽车电工快速入门与提高的图书。如果读者有初中文化程度,即使对汽车电工技术一无所知,只要从前往后阅读本套书,不但能轻松快速入门,而且能迅速提高自己的汽车电工技术水平。

本套书由蔡永红主编,参加编写的人员还有肖康宇、肖良军。

在编写过程中,我们参考并引用国内外一些汽车厂家的技术资料和有关出版物,在此对参考文献的作者和本书编写过程序提供帮助的同志表示衷心的感谢。

由于笔者水平有限,书中难免有疏漏或不妥之处,敬请读者批评指正。

编者

第一章 汽车电工入门基础

第一节 电路基础 ... 1
一、电路与电路图 ... 1
二、电流与电阻 ... 2
三、电位、电压和电动势 ... 3
四、电路的三种状态 ... 4
五、欧姆定律 ... 4
六、接地、搭铁和屏蔽 ... 5

第二节 电功、电功率和焦耳定律 ... 7
一、电功 ... 7
二、电功率 ... 7
三、焦耳定律 ... 7

第三节 电路的连接方式 ... 8
一、串联电路 ... 8
二、并联电路 ... 8
三、混联电路 ... 9

第四节 直流电与交流电 ... 9
一、直流电 ... 9
二、单相交流电 ... 10
三、三相交流电 ... 12

第五节 电磁现象及规律 ... 15
一、磁铁与磁性材料 ... 15
二、通电导体产生的磁场 ... 16
三、通电导体在磁场中的受力情况 ... 17
四、电磁感应 ... 17
五、自感与互感 ... 18

第二章 走进汽车维修车间

第一节 常用电工工具及使用 ... 20
一、剥线钳 ... 20
二、斜口钳 ... 20
三、跨接线 ... 21
四、试灯 ... 21
五、焊接工具与焊接技能 ... 22

第二节 常用汽车检测仪表 ... 28
一、指针式万用表 ... 28
二、数字式万用表 ... 34

三、汽车万用表 36
　　四、钳形电流表 37
　　五、汽车示波器 38
　　六、汽车故障诊断仪 43
第三节　安全用电知识 49
　　一、电流对人体的危害 49
　　二、人体触电的几种方式 50
　　三、保护接地和接零 51
　　四、安全用电注意事项及触电救治方法 53

第三章　电子元器件

第一节　电阻器 54
　　一、固定电阻 54
　　二、可变电阻 57
　　三、敏感电阻 59
　　四、排阻 61
第二节　电容器 62
　　一、电容的符号与单位 63
　　二、电容的参数 63
　　三、电容的分类 63
　　四、电容的标识 63
　　五、电容的检测 64
第三节　电感器 67
　　一、电感的分类 67
　　二、电感的标识 67
　　三、电感的检测 69
第四节　二极管 69
　　一、半导体材料与二极管 69
　　二、二极管的种类 70
　　三、二极管的特性 70
　　四、二极管的识别 71
　　五、二极管的检测 72
　　六、二极管在汽车上的运用 73
第五节　三极管 77
　　一、三极管的结构 78
　　二、三极管的工作原理 78
　　三、三极管的检测 80
第六节　集成电路 82

一、集成电路引脚识别 82
　　二、集成电路的检测 82

第四章　电路元件

第一节　开关装置 84
　　一、点火开关 84
　　二、组合开关 87
　　三、车灯开关 90
　　四、开关的检测 90

第二节　保险装置 91
　　一、易熔线 92
　　二、熔丝 92

第三节　继电器 94
　　一、继电器的结构 95
　　二、继电器的分类 95
　　三、继电器的工作原理 96
　　四、继电器在汽车上的运用与安装位置 96
　　五、继电器的检测 97

第四节　变压器与点火线圈 98
　　一、变压器 98
　　二、点火线圈 99

第五节　灯泡 102
　　一、外部灯具 102
　　二、内部灯具 104
　　三、灯泡的检测 107

第六节　插接器 107
　　一、了解插接器 107
　　二、插接器的检测 108

第七节　导线与线束 109
　　一、导线的种类 109
　　二、低压导线 109
　　三、高压导线 112
　　四、汽车线束 113

第五章　汽车电脑基础

第一节　数字电路基础 114
　　一、模拟信号与数字信号 114

二、二进制 115
　　三、逻辑电路 115
　第二节　汽车电脑及控制基础 117
　　一、了解汽车电脑 117
　　二、汽车电脑控制系统的优点 117
　　三、汽车电脑的种类及应用 118
　　四、汽车电脑常见故障 119

第六章　汽车电路图识读

　第一节　了解汽车电路图 121
　　一、汽车电路的概念 121
　　二、汽车电路图的组成 121
　　三、汽车电路的特点 122
　第二节　汽车电路原理图识读方法 124
　　一、熟悉汽车电路绘制规则 124
　　二、熟悉汽车电路元件符号及含义 124
　　三、熟悉元器件的作用 127
　　四、运用回路的原则 129
　　五、利用汽车电路图的一般规律 129
　第三节　各品牌车系电路图识读方法 131
　　一、大众/奥迪/斯柯达汽车电路图识读方法 131
　　二、奔驰/Smart 汽车电路图识读方法 139
　　三、宝马/MINI 汽车电路图识读方法 139
　　四、通用别克/雪佛兰/凯迪拉克汽车电路图识读方法 141
　　五、丰田/雷克萨斯汽车电路图识读方法 143
　　六、本田/讴歌汽车电路图识读方法 148
　　七、日产/英菲尼迪汽车电路图识读方法 149
　　八、福特/林肯汽车电路图识读方法 151

参考文献 152

第一章 汽车电工入门基础

第一节 电路基础

一、电路与电路图

电路是电流流过的路径。如图 1-1（a）所示是一个简单的实物电路，该电路由电池、灯泡、开关和导线组成。使用实物来绘制电路很不方便，为此人们采用一些简单符号代替实物的方法来画电路，这样绘制出来的图形就称为电路图。如图 1-1（b）所示的图形就是图 1-1（a）的电路图。

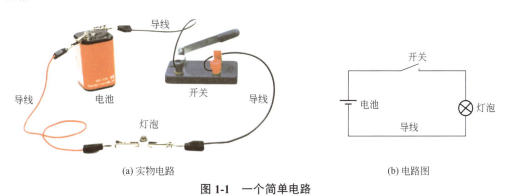

(a) 实物电路 (b) 电路图

图 1-1 一个简单电路

可以看出，电路一般由电源、负载、控制装置以及导线组成。

1. 电源

图 1-1 中的电池就是电源。电源是电路中供应电能的设备，如汽车上的发电机、蓄电池都是电源。发电机可将机械能转换成电能，蓄电池可将化学能转变成电能。

2. 负载

负载是将电能转换成其他形式能量的装置。灯泡、电热丝、电动机等都是负载。灯泡可将电能转变成光能，电热丝可将电能转变成热能，电动机可将电能转变成机械能。

3. 控制装置

图 1-1 中的开关是控制装置。控制装置为电流提供通路，把电源的能量供给负载，并根据负载的需要接通和断开电路。

4. 导线

导线用来连接电源和负载，传输电能。汽车电路中，蓄电池和电路的负极与车体的金属架连接上，以车体本身代替导线。

二、电流与电阻

1. 电流

如图 1-2 所示的电路中，当闭合开关时，灯泡点亮，因为有电流流过灯泡。大量的电荷朝一个方向移动（也称定向移动）就形成了电流。就像公路上有大量的汽车朝一个方向移动就形成"车流"一样。实际上，我们把正电荷在电路中的移动方向规定为电流的方向。在图 1-2 中，电路的电流方向如图中箭头所示，即电源正极→开关→灯泡→电源负极。

电流用字母"I"来表示，单位为安培（简称安），用"A"表示，比安培小的单位有毫安（mA）、微安（μA），它们之间的关系为 1A=1000mA，1mA=1000μA。

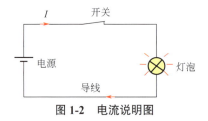

图 1-2 电流说明图

2. 电阻

在如图 1-2 所示的电路中，给电路增加一个电阻器，发现灯泡会变暗，增加电阻器后的电路如图 1-3 所示。电阻器对电流有一定的阻碍作用，从而使流过灯泡的电流减小，灯泡变暗。

就像水管中的瓶颈一样，水流遇到了阻力；同样，导体对电流也有阻碍作用，这种阻碍作用称为电阻，电阻即是阻止电流流动及减缓流动的力（图 1-4）。电阻将电能转换成其他形式的能，如热能、光能或动能。

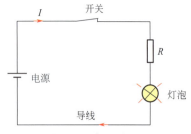

图 1-3 电阻说明图

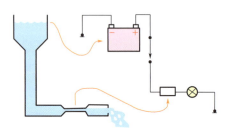

图 1-4 水管中的阻力与电路中的电阻

电阻在电路中用字母"R"表示，电阻的单位有欧姆（Ω）、千欧（kΩ）、兆欧（MΩ）。它们的换算公式为　1kΩ=1000Ω，1MΩ=1000kΩ

影响电阻大小的因素有导体的材料、长度、温度和导体的横截面积。

三、电位、电压和电动势

1. 电位

如果在电路中任选一点为参考点，那么电路中某点的电位等于电场力将单位正电荷从该点移动到参考点所做的功。电位是相对值，大小取决于参考点的选择。

在汽车电路中，通常用汽车底盘、车架和发动机等金属作为公用导线，并视其为电路中的参考零点。

电位没有方向性，是标量，单位是伏特（V）、毫伏（mV）。通常用字母 U 表示某点的电位，如 U_A=4V。

2. 电压

电压是导致电子在导电体内流动的一种电力或压力，是位于两点之间的电位差。电压就如水压一样，水的流动是因为有水压（水位差），如图1-5所示，水是由高水位向低水位流动。在电路中，由于有电压（电位差）的存在，电流就会从高电位点流向低电位点。

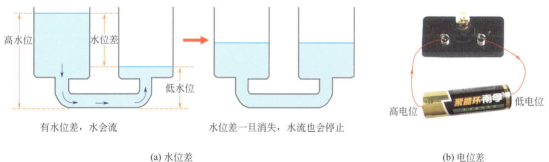

(a) 水位差　　　　　　　　　　　　　　　　　　　(b) 电位差

图 1-5　电压与水压

电压分为直流电压与交流电压。如果电压的大小及方向都不随时间变化，则称为直流电压。电压用大写字母"U"表示。汽车电路中的电压一般指的是12V的直流电压。通常规定电压的参考方向为高电位（"+"极性）端指向低电位（"–"极性）端，即电压的方向为电位降低的方向。

电压的国际单位制为伏特（V），常用的单位还有千伏（kV）、毫伏（mV）、微伏（μV）等。

它们之间的关系是 1kV=1000V，1V=1000mV，1mV=1000μV。

3. 电动势

电动势也是电路中两点的电位差，不过电动势通常是对电源内部而言，是由电源内部产生的维持电子流动的力量。它的参考方向规定为电源内部低电位（"–"极性）端指向高电位（"+"极性）端，即电动势的方向为电位升高的方向。电动势用"E"表示，单位有伏特（V）、毫伏（mV）等。

四、电路的三种状态

电路有三种工作状态：通路、开路、短路，这三种工作状态如图 1-6 所示。

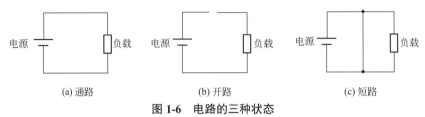

图 1-6　电路的三种状态

1. 通路

如图 1-6（a）所示的电路处于通路状态。通路状态的特点：电路畅通，有正常的电流流过负载，负载正常工作。

2. 开路

也叫断路，如图 1-6（b）所示电路处于开路状态。开路状态的特点：电路断开，无电流流过负载，负载不工作。

 提示

在汽车电路中，插头断开、电线截断、熔丝烧断会引起开路故障，其中由于插接器连接问题造成的开路故障比较常见。

3. 短路

如图 1-6（c）所示的电路处于短路状态。短路状态的特点：电路中有很大的电流流过，但电流不流过负载，负载不工作。短路会导致电源严重过载，为防止电源被烧毁或发生火灾，通常要在电路中安装熔丝等保护装置，实现过电流保护。

 提示

电路产生短路的原因大多是由于绝缘材料损坏或接线不慎引起的，因此应经常检查电气设备和线路的绝缘情况。

五、欧姆定律

欧姆定律反映了电路中电阻、电流和电压之间的关系，即在同一电路中，导体中的电流与导体两端的电压成正比，与导体的电阻成反比。

写成公式形式

$$I = \frac{U}{R}$$

也可表示为

$$U=IR \text{ 或 } R=\frac{U}{I}$$

式中　I——电流，A；
　　　U——电压，V；
　　　R——电阻，Ω。

欧姆定律公式如图 1-7 所示。也就是说：如果电阻恒定而变化电压，电流将随电压的增大而增大，或随电压的减小而减小；如果电压恒定而改变电阻，电流与电阻的变化相反，电阻变大时电流将减小，而电阻减小时电流将增大。

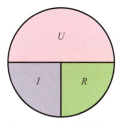

图 1-7　欧姆定律公式

为在汽车电路中应用欧姆定律，记住它的一个较容易的方法是把它想象为一个电压恒定的跷跷板，如图 1-8 所示。电压不变时，如果电阻下降，则电流便会上升；反之，电阻升高，电流下降。

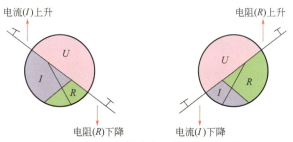

图 1-8　欧姆定律（电流与电阻对比）

六、接地、搭铁和屏蔽

1. 接地

接地在汽车电路中应用广泛，接地常用如图 1-9 所示的符号表示。接地主要有以下含义。

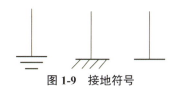

图 1-9　接地符号

① 在电路图中，接地符号处的电位规定为 0，如图 1-10（a）所示电路，A 点标有接地符号，规定 A 点的电位为 0。

② 在电路图中，标有接地符号的地方都是相通的。如图 1-10（b）所示电路，两个

电路图虽然从形式上看不一样，但实际的电路连接是一样的，所以两个电路中的灯泡都会亮。

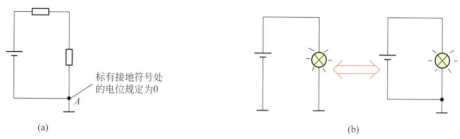

图 1-10 接地符号含义说明图

③ 在强电设备中，常常将设备的外壳与大地连接，当设备绝缘性能变差而使外壳带电时，可迅速通过接地线释放到大地，从而避免人体触电。

2. 搭铁

汽车电路一般采用单线制，即将蓄电池的一个电极接至车架或车身上，俗称搭铁。蓄电池的负极接车架或车身称为负极搭铁；蓄电池的正极接车架或车身称为正极搭铁。我国规定采用蓄电池负极搭铁。负极搭铁对无线电设备（音响、通信系统）的干扰少，对车架及车身电化学腐蚀小，并且具有连接牢固的优点。目前世界各国生产的汽车大多数采用负极搭铁。汽车上的搭铁点如图 1-11 所示。

  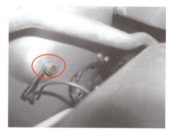

图 1-11 汽车上的搭铁点

3. 屏蔽

电气设备中，为了防止某些元器件和电路工作时受到干扰，或者为了防止某些元器件和电路在工作时产生干扰信号影响其他电路正常工作，通常对这些元器件和电路采取隔离措施，这种隔离称为屏蔽。屏蔽常用如图 1-12 所示的符号表示。

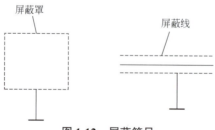

图 1-12 屏蔽符号

屏蔽的具体做法是用金属材料（称为屏蔽罩）将元器件或电路封闭起来，再将屏蔽罩接地（通常为电源的负极）。如汽车电路中的爆燃传感器、收音机天线、燃油泵和节气门电动机的控制线等，都采用了屏蔽罩或屏蔽线。

第二节　电功、电功率和焦耳定律

一、电动

电流流过灯泡，灯泡会发光；电流流过电热丝，电热丝会发热；电流流过电动机，电动机会运转。由此可见，电流流过一些用电设备时是会做功的，电流所做的功称为电功。做功的过程是电能转化为其他形式能量的过程。

用电设备做功的大小不但与加到用电设备两端的电压及流过的电流有关，还与通电时间长短有关。如果一段电路两端的电压为 U，通过的电流为 I，在时间 t 内，所做的功为 $W=UIt$，即电流在一段电路上所做的功等于这段电路两端的电压 U、电路中的电流 I 和通电时间 t 三者的乘积。

在国际单位中，电功的单位是焦（J），常用单位为千瓦时（kW·h）。

二、电功率

电流在单位时间内所做的功叫作电功率。电功率是用来表示消耗电能快慢的物理量，用 P 表示，$P=W/t=UI$，即一段电路上的电功率 P 等于这段电路两端的电压 U 和电路中的电流 I 的乘积。电功率表示电流做功的快慢，它的单位是瓦特，简称瓦，符号是 W。如宝马 750i/750Li 发动机电功率是 300kW。

汽车电路上的电器工作时都会消耗蓄电池的电能或者发电机产生的电能，有大功率的用电器（如前照灯、空调鼓风机、电热装置等），也有小功率的用电器（如照明指示灯、小灯泡、收音机）。大功率用电器在关闭发动机后不宜长时间开启，以免过多消耗蓄电池的电能。同时，在启动汽车时应关闭大功率用电器，使发动机启动时有充足的电能。

三、焦耳定律

电流通过电阻时电阻要发热，这种现象叫作电流的热效应，如除霜器、点烟器、座椅加热等就是利用这种效应制成的（图 1-13）。当电流流经除霜器或点烟器时，就将电能转换成热能而产生热。当过大电流流过熔丝时，因为产生热而将熔丝熔化。

焦耳定律的内容：电流流过导体产生的热量，与电流的平方、导体的电阻成正比，与通电时间也成正比。

焦耳定律用公式表示为

$$Q=I^2Rt$$

式中　Q——电流在导体上产生的热量，J；

I——通过导体的电流，A；

R——导体的电阻，Ω；

t——电流通过导体的时间，s。

图 1-13 座椅加热

第三节　电路的连接方式

电路的连接方法主要有串联、并联和混联三种。

一、串联电路

这是一种最简单的电路，电源、负载、导体以及控制装置都与仅有的一条电路相连。串联电路中数值相同的电流流经每一个元件，如果电路损坏，电流便不能通过。串联电路可以用水流来描述，如图 1-14 所示。

串联电路定律如下。

① 串联电路中每一点的电流都是相同的，即 $I_总=I_1=I_2=I_3$。

② 串联电路中总电阻等于各电阻之和，即 $R_总=R_1+R_2+R_3$。

③ 串联电路中各个压降（元件两端的电位差）的总和等于电路两端的总电压或电源电压，即 $U_总=U_1+U_2+U_3$。

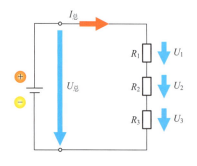 

图 1-14　串联电路与水流的原理

二、并联电路

若干个元件首与首连接，尾与尾连接，接到一个电源上，这种连接方法叫并联。一个并联电路有一个以上的电流通路，每个分路的电压都相同。假如每个分路的负载电阻相同，则各分路电流也将相同。假如分路里的负载电阻不同,则各分路电流也将不同。假如有一个分路损坏,电流将继续流往其他分路。并联电路也可以用水流来描述,如图1-15所示。

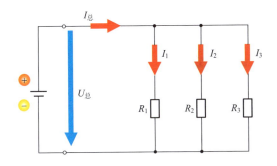

图1-15　并联电路与水流的原理

并联电路定律如下。
① 并联电路中,通过各分路的电压相同,即 $U_总=U_1=U_2=U_3$。
② 并联电路中的总电流等于各个分路电流的总和,即 $I_总=I_1+I_2+I_3$。
③ 并联电路中的总电阻小于分路里最小的电阻 $\frac{1}{R}=\frac{1}{R_1}+\frac{1}{R_2}+\frac{1}{R_3}$。

三、混联电路

在混联电路里,有些元件为串联,有些元件为并联。电源及控制或保护装置(熔丝及开关)通常为串联,负载通常为并联。串联电路中电流相等,而在并联电路中电流不相等。并联电路中元件的电压相等,而在串联电路中电压不等。假如串联电路损坏,整个电路将断开。假如并联分路损坏,电流仍将可以流过串联电路和未断开的分路。混联电路如图1-16所示。

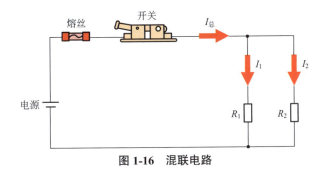

图1-16　混联电路

第四节　直流电与交流电

一、直流电

方向和大小均不随时间变化的电流或电压称为直流电(DC)。常见的干电池、蓄电池和直流发电机等都是直流电源。直流电的电流方向总是由电源正极流出，再通过电路流到负极。汽车的大部分系统均使用直流电。直流电的优点是，可以被储存在蓄电池中。如图 1-17 所示为直流电压。

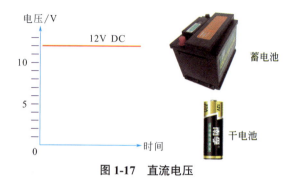

图 1-17　直流电压

二、单相交流电

大小和方向随时间改变的电压或电流统称为交流电（AC）。在汽车维修企业中，许多大型汽车维修检测设备是用交流电作为电源的，汽车发电机所产生的也是交流电。交流电很容易在发电机中产生，但是却难以储存。因此，发电机配备有整流电路，可以在应用于车辆电气系统之前被转换成直流电。

交流电类型很多，其中最常见的是正弦交流电。正弦交流电的电压和电流都是按正弦规律周期性变化的，其波形如图 1-18 所示。一个正弦交流电可以由频率（或周期）、幅值（或有效值）和初相位三个要素来确定。

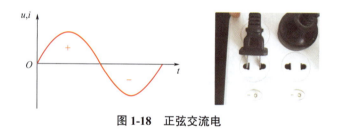

图 1-18　正弦交流电

1. 频率与周期

正弦交流电变化一次所需的时间称为周期（T）。每秒内变化的次数称为频率（f），它的单位是赫兹（Hz）。

频率是周期的倒数，即 $f = \dfrac{1}{T}$。

我国和大多数国家都采用 50Hz 作为电压标频率，有些国家（如美国、日本等）采用 60Hz。这种频率在工业上应用广泛，习惯上也称为工频。通常的交流电动机和照明设备都采用这种频率。

正弦交流电变化的快慢除用周期和频率表示外，还可用角频率来表示，它的单位是弧度/秒（rad/s）。因为一个周期内经历了 2πrad，所以角频率为

$$\omega = \frac{2\pi}{T} = 2\pi f$$

2. 幅值与有效值

交流电在某一时刻的值称为交流电在该时刻的瞬时值，小写字母来表示，如 i、u 及 e 分别表示电流、电压及电动势的瞬时值。瞬时值中最大的值，称为幅值或最大值，用带下标 m 的大写字母来表示，如 I_m、U_m 及 E_m 分别表示电流、电压及电动势的幅值。正弦电流、电压和电动势的大小往往不是用它们的幅值计量的，而是用有效值。

有效值是通过电流的热效应来规定的，无论交流电还是直流电，只要它们在相等的时间内通过同一电阻并且两者产生的热效应相等，那么这个周期性变化的电流 i 的有效值在数值上等于这个电流。

电流为正弦量时，有效值为

$$I = \frac{I_m}{\sqrt{2}}$$

正弦电压的有效值为

$$U = \frac{U_m}{\sqrt{2}}$$

提示

有效值都用大写字母表示，和表示直流电的字母一样。一般所讲的正弦电压或电流的大小，例如交流电压 380V 或 220V，都是指它的有效值。

3. 初相位

正弦交流电是随时间变化而周期性变化的，正弦量所取的计时起点不同，初始值就不同，到达幅值或某一特定值所需的时间也就不同。如图 1-19 所示的波形可表示为

$$u = U_m \sin(\omega t + \Phi)$$

上式中的角度称为正弦量的相位角或相位，它反映出正弦量变化的进程。当相位角随时间连续变化时，正弦量的瞬时值随之连续变化，当 $t=0$ 时的相位角称为初相位角或初相位。

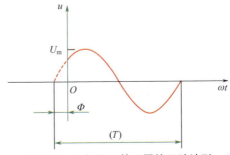

图 1-19　初相位不等于零的正弦波形

> **提示**
>
> 在一个正弦交流电电路中,电压 u 和电流 i 的频率是相同的,但初相位不一定相同。

> **提示**
>
> 两个同频率正弦量的相位角之差或初相位角之差,称为相位差或初相位差。当两个同频率正弦量的计时起点改变时,它们的相位和初相位不同,所以它们的变化步调是不一致的,即不是同时到达正幅值或零值,一般称为相位超前或者滞后。

三、三相交流电

三相交流电是由三个频率、幅值相等,彼此相位互差 120° 的单相交流电源构成的。三相电路在汽车维修检测企业中应用很普遍。

1. 三相交流电源

三相交流电是由三相交流发电机产生的。如图 1-20 所示为三相交流发电机原理示意图。图中 U_1、V_1、W_1 分别表示三个绕组的始端(首端),U_2、V_2、W_2 分别表示末端。每一个绕组(线圈组)叫作发电机的一相,在空间上彼此相隔 120°。

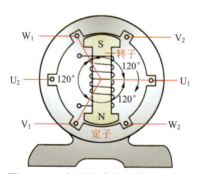

图 1-20　三相交流发电机原理示意图

当原动机(如汽轮机、水轮机、起动机等)带动三相发电机的转子做顺时针匀速转动时,定子绕组切割磁力线,则定子每个绕组中产生的感应电动势分别为 e_U、e_V、e_W。由于各绕组的结构相同而位置依次互差 120°,因此三个电动势的最大值相等、频率相同,而初相依次互差 120°。这样的三个电动势称为三相对称电动势,它们的瞬时值分别为

$$\begin{cases} e_U = U_m \sin \omega t \\ e_V = U_m \sin(\omega t - 120°) \\ e_W = U_m \sin(\omega t + 120°) \end{cases}$$

其波形如图 1-21 所示。

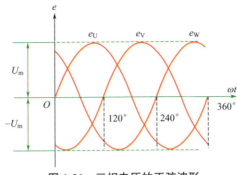

图 1-21　三相电压的正弦波形

2. 三相电源的连接方法

交流发电机的星形连接如图 1-22 所示，即将三个末端连在一起，这一连接点称为中性点或零点，用 N 表示。从中性点引出的导线称为中性线或零线。从始端 U_1、V_1、W_1 引出的三根导线称为相线或端线，俗称火线。

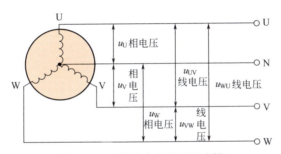

图 1-22　交流发电机的星形连接

在图 1-22 中，每相始端与末端间的电压，即相线与中性线间的电压，称为相电压。而任意两始端间的电压，即两相线间的电压，称为线电压。

三相电路中线电压的大小是相电压的 $\sqrt{3}$ 倍，其公式为

$$U_L = \sqrt{3} U_P$$

式中　U_P——相电压；

U_L——线电压。

> 提示
>
> ① 当发电机的绕组为星形连接时，线电压与相电压频率相同，都是三相对称电压，线电压是相应相电压的 $\sqrt{3}$ 倍。
>
> ② 发电机的绕组为星形连接时，可引出四根导线叫三相四线制。通常在低压配电系统中相电压为 220V，线电压为 380V。

3. 三相电路中负载的连接

三相电路中负载的连接方法有两种，即星形连接和三角形连接。

（1）星形连接

① 三相四线制。如图 1-23 所示是照明负载与电动机的星形连接，其为三相四线制电路，设线电压为 380V。照明负载（220V，单相负载）比较均匀地分配在各相之中，接在相线与中性线之间，三相电动机接在三根相线上。

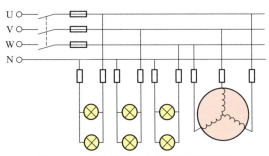

图 1-23　照明负载与电动机的星形连接

三相电路中的电流也有相电流与线电流之分。每相负载中的电流称为相电流，每根相线中的电流称为线电流。在负载为星形连接时，相电流等于线电流。

② 三相三线制。在三相电压对称的情况下，若负载也对称，那么负载相电流也是对称的，此时中性线中没有电流通过，这时中性线就不需要了，如图 1-24 所示。三相负载（通常所见的是三相电动机）一般都是对称的，所以三相三线制电路的应用极为广泛。

（2）三角形连接　负载三角形连接的三相电路可用图 1-25 所示的电路来表示。因为各相负载都直接接在电源的线电压上，所以负载的相电压与电源的线电压相等。因此，不论负载对称与否，其相电压总是对称的。

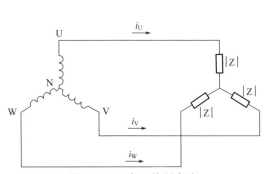

图 1-24　三相三线制电路

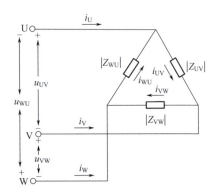

图 1-25　负载三角形连接的三相电路

> 通常照明负载一般采用星形连接（具有中性线）；三相电动机的绕组可以采用星形连接，也可以采用三角形连接，如图 1-26 所示。

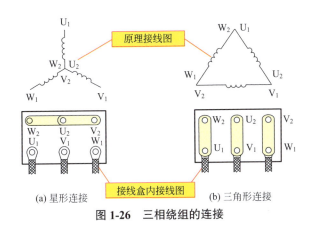

图 1-26 三相绕组的连接

第五节　电磁现象及规律

一、磁铁与磁性材料

1. 磁铁

将一块磁铁靠近铁钉，会发现磁铁即使没有接触到铁钉，也会把铁钉吸引过来。这是因为磁铁能产生磁场，是磁场产生的作用力将铁钉吸引过来的。

任何一块磁铁都有两个磁极，即 N 极和 S 极。磁铁产生的磁场看不见，摸不着，但实际上是存在的。为了表示磁场强弱和方向，通常在磁铁周围画一些带箭头的闭合线条，这些线条称作磁力线（也称磁感线），如图 1-27 所示，磁力线的疏密表示磁场的强弱，磁力线上的箭头表示磁场的方向。从图 1-27 中可以看出，磁铁 N 极、S 极两端出来和进入的磁力线最密，可见磁铁两端的磁场最强，磁力线箭头的方向在磁铁外部是由磁铁的 N 极出来，S 极进入（在磁铁内部由 S 极指向 N 极）。磁场具有异极性相吸、同极性相斥的性质。

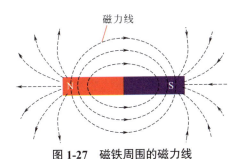

图 1-27　磁铁周围的磁力线

2. 磁性材料

如果将一根不带磁性的钢棒接触磁铁，会发现之前不带磁性的钢棒也可以吸引铁钉，此时再移开磁铁，钢棒还能吸引铁钉，也就是说，磁铁接触钢棒，使钢棒也有了磁性。

没有磁性的物质在磁场的作用下带上磁性的现象称为磁化现象，这种在磁场作用下能带上磁性的物质称为磁性材料。磁性材料有软磁性材料和硬磁性材料两种。

（1）软磁性材料　在外部磁场作用下，容易被磁化而带磁性，外部磁场消失后，其所带的磁性会随之消失，剩磁很少。软磁性材料常用在发电机、电动机、变压器、继电器等中。

（2）硬磁性材料　在外部磁场作用下，容易被磁化而带磁性，外部磁场消失后，其磁性不容易消失，还会保留较强的剩磁。

二、通电导体产生的磁场

先做个实验，如图 1-28 所示，将一根导线绕成多匝线圈（匝数尽量多些），再在线圈的引出线上接上开关和电池，在线圈周围放上小磁针。闭合开关时，小磁针发生偏转。这表明，通电线圈会产生磁场，线圈产生的磁场作用于小磁针，使小磁针发生偏转。

任何通有电流的导体都可以在其周围产生磁场的现象称为电流的磁效应。 通电导体产生的磁场与磁铁产生的磁场一样，都具有大小和方向，通电导体的电流方向变化，导体产生的磁场方向也会变化。下面分析两种类型的通电导体的电流与其产生的磁场的关系。

图 1-28　通电线圈产生的磁场

1. 通电线圈的电流与磁场关系

通电线圈产生的磁场方向可以用安培右手定则（线圈）来判定（图 1-29）：**用右手握住线圈，四指弯曲的方向与电流的方向一致，那么拇指的指向就是磁力线的方向。**

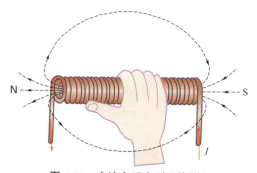

图 1-29　安培右手定则（线圈）

汽车上的继电器、起动机上的电磁开关等就是电流磁效应的典型应用。如图 1-30 为电磁开关示意图，一个较小的电流流过绕在铁芯上的电磁线圈，产生电磁吸力使电路触点闭合。然后，开关触点便可能接通大电流到用电设备，即以小电流控制大电流。

2. 通电直导体的电流与磁场关系

电流通过直导体会在导体周围产生磁场。对于通电直导体，通过电流的方向与产生磁场的方向，也可以用安培右手定则（导线）来判定（图 1-31）：**用右手握住有电流的直导线，拇指指向电流方向，则弯曲的四指所指的方向即为磁力线的方向。**

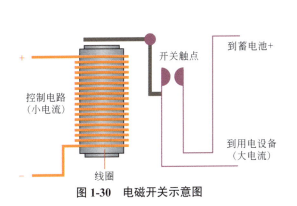

图 1-30 电磁开关示意图

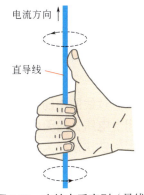

图 1-31 安培右手定则（导线）

三、通电导体在磁场中的受力情况

通电导体会产生磁场，若将通电导体放在其他磁场中，通电导体产生的磁场与其他磁场就会产生吸引或排斥，从而使通电导体受到作用力，**通电导体在磁场中所受的作用力称为电磁力。**

通电导体在磁场中所受作用力的方向，可用左手定则判定（图 1-32）：**将左手伸开，使拇指与四指垂直，让磁力线垂直穿过掌心，四指朝向导体电流的方向，拇指所指的方向就是导体所受电磁力的方向。**

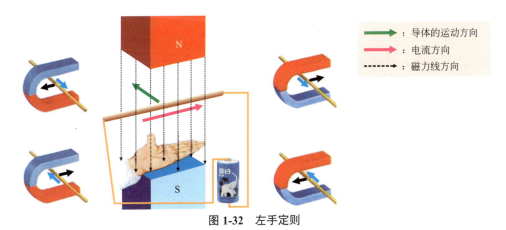

图 1-32 左手定则

四、电磁感应

电流可以产生磁场，反过来也可以利用磁场产生电流。**当闭合电路的部分导体相对于磁场运动且切割磁力线或者线圈中的磁通量发生变化时，闭合电路中就有电流产生，这种现象叫电磁感应现象。**

要注意的是这种切割磁力线的运动可以是导体相对磁体运动，也可以是磁体相对导体运动。汽车的交流发电机就是利用电磁感应原理发电的。

1. 导体在切割磁力线时会产生电流

当导体切割磁力线时，在导体上会产生感应电动势，若将导体与其他线路接成闭合回路，则导体中就有电流流过。如图 1-33 所示,在均匀磁场中放置一根导体,导体两端连接一个灯泡,当导体垂直切割磁力线时,可以明显地观察到灯泡发亮。这说明导体回路中有电流存在。另外,当使导体平行于磁力线方向运动时,灯泡不发亮,说明导体回路中不产生电流。

2. 线圈中的磁通量发生变化时会产生电流

当穿过线圈中的磁通量发生变化时,线圈也会产生感应电动势,如果线圈与其他元件组成闭合电路,线圈中就有电流产生。如图 1-34 所示,空心线圈两端连接检流计,当用一块条形磁铁快速插入线圈时,我们会观察到检流计指针向一个方向偏转;如果条形磁铁在线圈内静止不动,则检流计指针不偏转;再将条形磁铁由线圈中迅速拔出时,又会观察到检流计指针向另一个方向偏转。

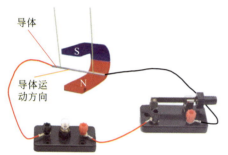
图 1-33　导体的电磁感应

图 1-34　线圈的电磁感应

五、自感与互感

1. 自感

自感实验如图 1-35 所示,在图 1-35 (a) 中,当开关闭合时,灯泡 2 马上变亮,而灯泡 1 慢慢变亮,然后亮度不变;图 1-35 (b) 中,当开关闭合时,灯泡马上变亮,而开关断开时,灯泡不会马上熄灭,而是慢慢熄灭。

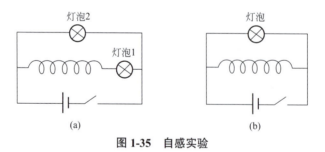
图 1-35　自感实验

为什么会出现这种现象呢?原来当流过线圈的电流发生变化时,线圈会产生电动势。**一个线圈因本身电流变化而引起的电磁感应现象称为自感,由自感产生的电动势称为自感电动势。**

图 1-35 (a) 中,当开关闭合时,流过线圈的电流由无到有,该电流是一个增大的电流,线圈马上产生自感电动势,阻碍增大的电流通过,由于自感电动势的阻碍,流过线圈的电流只能慢慢增大,所以灯泡 1 慢慢变亮,当电流达到最大值不再变化时,线圈的自感电动势消失,灯泡亮度保持不变。

图 1-35（b）中，当开关断开时流过线圈的电流突然减小，线圈马上产生自感电动势，阻碍电流减小，由于线圈与灯泡构成了一个闭合电路，会使产生的电流流过灯泡，随着流过灯泡和线圈的电流不断减小，线圈产生的电动势不断降低，当电流为 0 时，线圈的电动势也为 0。

2. 互感

互感实验如图 1-36 所示，在铁芯上绕有 A、B 两个线圈。线圈 A 接电源和开关，线圈 B 接一个电流表，当开关闭合时，会发现电流表的表针摆动一下，然后不动。将开关断开时，电流表表针也会摆动一下。

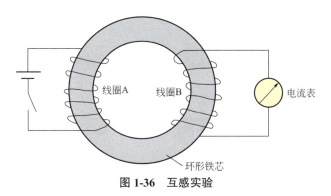

图 1-36　互感实验

为什么会出现这种现象呢？原来当线圈 A 有断续的电流通过时，铁芯中的磁力线就会随着电流的通、断而产生或消失。但变化的磁力线同样穿过线圈 B，于是穿过线圈 B 的磁通量不断变化。根据电磁感应原理，线圈 B 上也会产生感应电压。

一个线圈中的电流发生了变化而使另一个线圈产生感应电动势的现象称为互感。

在这个发生自感与互感现象的过程中，把通有电流的线圈 A 叫初级线圈，因互感作用产生感应电压的线圈 B 叫次级线圈。当初级线圈通过电流时，次级线圈与初级线圈匝数之比越大，次级线圈上的感应电压就越高。汽车发动机上的点火线圈就是利用这一原理制成的，如图 1-37 所示，发动机的点火系统控制初级线圈充电与断开，在次级线圈上感应出上万伏的点火电压。虽然初级线圈的充电电压只有 12V，但次级线圈与初级线圈的匝数比很大，因此能产生点火高压。

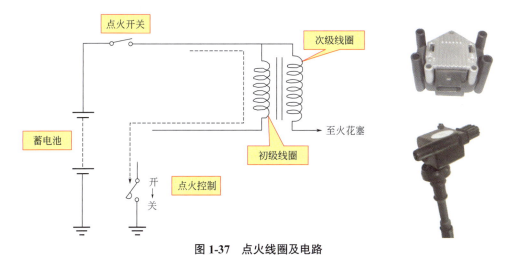

图 1-37　点火线圈及电路

第二章 走进汽车维修车间

第一节 常用电工工具及使用

在汽车电路故障的诊断及维修中,需要一些必要的工具及仪器,以便快速诊断并尽可能避免对汽车线路的损坏,下面介绍一些汽车电工必备的通用工具。

一、剥线钳

图 2-1 剥线钳的外形

在进行汽车电路维修时,如果诊断出线束中个别线路出现短路、断路以及接触不良时,需要单独处理导线,使用剥线钳可以帮助汽车电工进行合理操作。

剥线钳用来剥除导线头部表面的绝缘层,其外形如图 2-1 所示,它由刀口、压线口和钳柄组成。

剥线钳的使用方法如下。

① 根据导线的粗细型号,选择相应的剥线刀口。
② 将导线放在剥线钳的刀刃中间,选择好要剥线的长度。
③ 握住剥线钳钳柄,将导线夹住,缓缓用力使导线外表皮慢慢剥落。
④ 松开钳柄,取出导线,导线的金属芯会整齐露出来,其余绝缘塑料完好无损。

 注意

对于线束中使用屏蔽的部分,不建议使用剥线钳进行操作。

二、斜口钳

斜口钳又名断线钳,主要用来剪切导线,特别适合用来清除接线后多余的线头和飞刺,也常用来代替一般剪刀剪切绝缘套管、尼龙扎线卡等。如图 2-2 所示为用斜口钳剪切导线。

图 2-2　用斜口钳剪切导线

三、跨接线

跨接线也称跳线，是一段专用导线。不同形式的跨接线，其长短和两端接头不同，以适应不同位置、不同类型接头的跨接。常用的跨接线如图 2-3 所示。

图 2-3　常用的跨接线

跨接线可用来将存在故障的电路中的开关、导线和插接器等短路，以观察电路是否正常。如果电路正常，说明被短路的部分有故障。如图 2-4 所示，用跨接线的一端接蓄电池正极，另一端分别跨接各点进行检测。

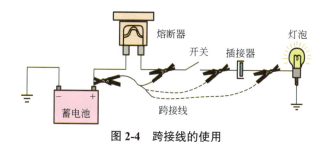

图 2-4　跨接线的使用

>
> 跨接线不能直接跨接在蓄电池的两端或蓄电池正极和搭铁之间。

四、试灯

试灯分为无源测试灯和有源测试灯两种。**无源测试灯自身不带电源，主要用于测试电**

路是否有电压；有源测试灯手柄内装有两节干电池，主要用于判断电路的导通性。

1. 无源测试灯

无源测试灯由一个 12V 的灯泡、探头、带鳄鱼夹的引线和壳体组成，如图 2-5 所示。将鳄鱼夹搭铁后，再将带尖的探头同电路上任何一个应有电压的点连接。若灯泡点亮，说明被测试的点上有电压。如图 2-6 所示为用无源测试灯检测熔丝是否有电压。

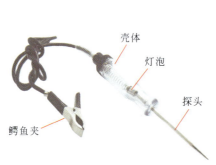

图 2-5　无源测试灯

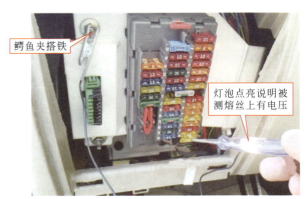

图 2-6　用无源测试灯检测熔丝是否有电压

2. 有源测试灯

有源测试验灯以手柄内装有的两节干电池作为电源，如图 2-7 所示。有源测试验灯可以检测电路的导通性，使用时要将电路的电源断开，搭铁夹接负载部件的搭铁端子，探头接触被检查的电线。若电路是连通的，内装的电池便将灯点亮；若电路不连通（有断路的地方），则灯不亮。

注意

用有源测试灯接带电的电路，会损坏测试灯。

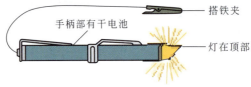

图 2-7　有源测试灯

五、焊接工具与焊接技能

汽车维修中，高水平的电工技术人员应具备电子电路检修能力，**电烙铁和热风枪是焊接所需的工具**，在电路装配、元器件安装和拆卸中都要用到，学会正确使用电烙铁和热风枪是提高实践能力的重要内容。

1. 电烙铁

电烙铁主要由烙铁头、套管、烙铁芯（发热体）、手柄和导线等组成，如图 2-8 所示。当烙铁芯通过导线获得供电后会发热，发热的烙铁芯通过金属套管加热烙铁头，烙铁头的温度达到一定值时就可以进行焊接操作。

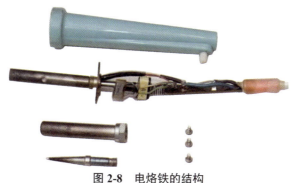

图 2-8　电烙铁的结构

（1）**电烙铁的种类**　电烙铁的种类很多，常见的有内热式电烙铁、外热式电烙铁、恒温电烙铁和吸锡电烙铁等。

① 内热式电烙铁。**内热式电烙铁是指烙铁头套在发热体外部的电烙铁。** 内热式电烙铁如图 2-9 所示。内热式电烙铁具有体积小、重量轻、预热时间短等特点，一般用于小元件的焊接，功率一般较小，但发热元件易损坏。

② 外热式电烙铁。**外热式电烙铁是指烙铁头安装在发热体内部的电烙铁。** 外热式电烙铁如图 2-10 所示。外热式电烙铁的烙铁头长短可以调整，烙铁头越短，烙铁头的温度就越高，烙铁头有凿式、尖锥形、圆面形、圆形、尖锥形和半圆沟形等不同的形状，可以适应不同焊接的需要。

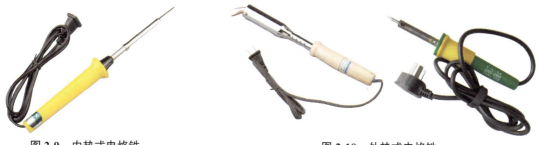

图 2-9　内热式电烙铁　　　　　　图 2-10　外热式电烙铁

③ 恒温电烙铁。**恒温电烙铁是一种利用温度控制装置来控制通电时间使烙铁头保持恒温的电烙铁。** 恒温电烙铁如图 2-11 所示，它一般用来焊接温度不宜过高、焊接时间不宜过长的元器件。有些恒温电烙铁还可以调节温度，温度调节范围一般为 200～480℃。

④ 吸锡电烙铁。**吸锡电烙铁是将活塞式吸锡器与电烙铁融于一体的拆焊工具。** 吸锡电烙铁如图 2-12 所示。在使用时，先用带孔的烙铁头将元件引脚上的焊锡熔化，然后让活塞运动产生吸引力，将元件引脚上的焊锡吸入带孔的烙铁头内部，这样引脚无焊锡的元件就很容易被拆下。

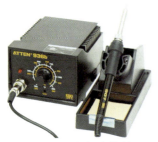 

图 2-11　恒温电烙铁　　　　　　　　图 2-12　吸锡电烙铁

（2）电烙铁选用原则　在选用电烙铁时，可按以下原则进行选择。

① 在选用电烙铁时，烙铁头的形状要适应被焊接件物面要求和产品装配密度。**对于焊接面小的元件，可选用尖嘴电烙铁；对于焊接面大的元件，可选用扁嘴电烙铁。**

② 在焊接集成电路、晶体管及其他受热易损坏的元器件时，一般选用 20W 内热式电烙铁或 25W 外热式电烙铁。

③ 在焊接较粗的导线和同轴电缆时，一般选用 50W 内热式电烙铁或者 45～75W 外热式电烙铁。

④ 在焊接很大的元器件时，如金属底盘接地焊片，可选用 100W 以上的电烙铁。

（3）电烙铁使用前的准备工作

第一步：除氧化层。为了让烙铁头在焊接时容易沾上焊锡，使用电烙铁前，可用小刀或锉刀轻轻除去烙铁头上的氧化层，氧化层刮掉后会露出金属光泽，如图 2-13 所示。

第二步：沾助焊剂。烙铁头氧化层去除后，给电烙铁通电使烙铁头发热，再将烙铁头沾上松香，会看见烙铁头上有松香蒸气，该过程如图 2-14 所示。松香的作用是防止烙铁头在高温时氧化，并且增强焊锡的流动性，使焊接更容易进行。

图 2-13　除去氧化层后的烙铁头　　　　图 2-14　沾助焊剂

图 2-15　挂锡

第三步：挂锡。当烙铁头沾上松香达到足够温度时，烙铁头上会有松香蒸气冒出，此时在烙铁头的头部涂上一层焊锡，如图 2-15 所示。**给烙铁头挂锡的好处是保护烙铁头不被氧化，并使烙铁头更容易焊接元器件。**一旦烙铁头"烧死"，即烙铁头温度过高使烙铁会上的焊锡蒸发掉，烙铁头会被烧黑氧化，焊接元器件就很难进行，这时又需要刮掉氧化层再挂锡才能使用。所以当电烙铁长期不用时，应该拔掉电源，防止烙铁头"烧死"。

2. 热风枪

热风枪主要用于汽车电路板元器件的拆卸与安装，它由风机和电热机两部分组成，使用时应注意其温度与风力的大小，以快克850A为例，如图2-16所示。AIR为风速调节旋钮，一般有8个气流挡，将热风枪电源线插入电源插座，则热风枪通过风机输出空气，但热风枪发热材料仍处于凉态。POWER为电源开关，当开关置于ON（开）时，发热材料开始发热。HEATER为温度调节旋钮，有8个挡位。

图2-16 快克850A热风枪

焊接集成电路（IC）对焊接的要求比较高。温度挡一般在3～4挡，即相应的温度在300～350℃之间；风速一般在2～3挡，不宜过高，否则易把IC吹移位或将元件吹飞；风口不易离IC太近，一般在元件上方2cm左右的位置。对IC加热时，受热要均匀，小幅度地晃动风枪，不要停在一处不动，热度集中在一起IC容易受损。在加热时温度不能调得太高，拆卸时不能用大力，稍有不慎便会扯断连线。吹焊时，不可在IC上停留太久。

热风枪不用时应先把电源开关置于OFF（关），自动喷气功能仍在工作，待发热材料和手柄降温后方可拔出电源插头。

当然由于热风枪的型号众多，不同型号具体的温度和风速挡位的选择应根据吹焊的元件来调节。

3. 焊料与助焊剂

① **焊锡是电子产品焊接采用的主要焊料**。焊锡是在易熔金属锡中加入一定比例的铅和少量其他金属制成，其熔点低，流动性好，对元件和导线的附着力强，导电性好，抗腐蚀性好，不易氧化。

② 助焊剂能溶解去除金属表面的氧化物，并在焊接加热时包围金属的表面，使之和空气隔绝，防止金属在加热时氧化。**松香是焊接时采用的主要助焊剂**。

4. 焊接技术与焊接要求

（1）插件元件的拆焊

① **插件元件的焊接**。焊接元器件时，首先要将待焊接元器件引脚上的氧化层轻轻刮掉。电烙铁通电，发热后沾上松香，当烙铁头温度足够时，将烙铁头以45°的角度压在印制板待焊元器件引脚旁的焊铜箔上，然后再将焊锡丝接触烙铁头，焊锡丝熔化后成液态状，会流

图 2-17 元器件的焊接

到元器件引脚四周,这时将烙铁头移开,焊锡冷却后元器件引脚与印制板铜箔就焊接在一起了。插接元器件的焊接如2-17所示。**焊接元器件时烙铁头接触印制板和元器件的时间不要太长,以免损坏印制板和元器件,焊接中每点的焊接时间以控制在 2 ~ 3s 为宜**。

② **插件元件的拆卸**。在拆卸印制板上的元器件时,将电烙铁的烙铁头接触元器件引脚处的焊点,待焊点处的焊锡熔化后,在印制板另一面将该元器件引脚拔出,然后再用同样的方法焊下另一引脚。用这种方法拆卸三个以下引脚的元器件很方便,但拆卸四个以上引脚的元器件则比较困难。

拆卸四个以上引脚的元器件可使用吸锡电烙铁,也可用普通电烙铁借助不锈钢空心套管或注射器针头来拆卸。

(2)贴片小元件的拆焊

① **贴片小元件的拆卸**。对于管脚数目少的贴片小元件,如电阻、电容、二极管、三极管,可用电烙铁在元件的两端各加热 2 ~ 3s 后,快速在元件两端来回移动,同时握电烙铁的手稍用力向一边轻推,即可拆下元件。若周围的元件较密,可左手持镊子轻夹其中部,用电烙铁充分熔化一端的锡后快速移至另一端,同时左手稍用力向上提,这样当一端的锡充分熔化尚未凝固而另一端已熔化时,用左手的镊子即可将其拆下。

② **贴片小元件的焊接**。焊接前确保焊盘清洁,先在焊盘的一端上锡,再用镊子将贴片小元件夹住,先焊接焊盘上锡的一端(图 2-18),然后再焊另一端,最后对其两端镀上适量的焊锡加以修整。

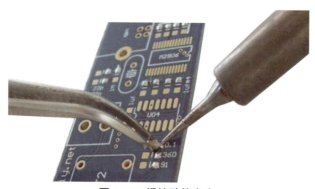

图 2-18 焊接贴片电容

(3)小外形封装(SOP)集成电路的拆焊方法 在电脑主板中采用了较多的小外形封装集成电路,如码片、存储器等。因这种封装的芯片引脚分两边排列且数目不多(28脚以下),所以拆卸和焊接都比较方便,但它与两脚的电阻、电容等小元件相比,其拆焊的难度又要大些,其常用的拆卸和焊接方法如下。

① **拆卸方法**。可使用热风枪,也可使用电烙铁进行拆卸。

a. 用热风枪拆卸。对于脚位数目较多且脚位间距较大的IC,用烙铁拆卸不方便,一般使用热风枪进行拆卸。将热风枪的风力调到 3 挡,温度也调到 3 挡,风嘴沿 IC 两边焊脚上移动加热，当焊锡熔化时，即可用镊子取下 IC。

b. 用电烙铁拆卸。对于一些在主板上位置比较特殊的 IC，则不能用热风枪拆卸。例如两个焊接距离很近的集成块，吹其中一个时可能将另外一个吹虚焊，这种情况一般用电烙铁采用"连锡法"拆卸。**具体操作是：**用电烙铁将焊锡熔化加到 IC 两边的焊脚并短路（即左边短接在一起，右边短接在一起，电烙铁温度可调到 450℃），焊锡尽量多些，盖住每个焊脚（图 2-19），然后两边同时轮流加热，即加热一下左边再加热一下右边，等焊锡全部熔化时，用镊子移开 IC。用电烙铁把主板上多余的焊锡除掉并清理焊盘，把 IC 焊脚上多余的焊锡也清除掉，保证 IC 焊脚平整。

图 2-19　采用"连锡法"拆卸 SOP IC

② **焊接操作。**对于 SOP IC 的安装，一般采用电烙铁一个脚一个脚地焊，电烙铁温度不宜太高，350℃左右即可。如采用热风枪焊接，可先用电烙铁把 IC 定好位，然后调节热风枪风力到 2.5 挡，温度到 3 挡，吹焊 IC，焊接牢固即可。

（4）四方扁平封装（QFP）芯片拆焊方法　汽车电脑主板中，四方扁平封装（QFP）形式的芯片比较常见。目前，随着电脑主板外形的变化和体积的缩小，其也趋向于使用栅格阵列（BGA）引脚封装形式的集成模块，在大部分电脑主板中，仍可见到 QFP 芯片。下面就具体介绍 QFP 集成模块的拆卸与焊接方法。

① **拆卸操作。**

a. 开启热风枪并调节热风枪的气流与温度，一般温度调节在 300～400℃之间。而气流方面根据喷嘴来定，如果是单喷嘴，气流挡位设置在 1～3 挡，其他喷嘴，气流可设置在 4～6 挡，使用单喷嘴，温度挡不可设置太高。

b. 记下待拆卸 IC 的位置和方向，并在 IC 引脚上涂上适当的助焊剂。

c. 手持热风枪手柄，使喷嘴对准 IC 各引脚焊点来回移动加热，喷嘴不可触及集成电路块引脚，一般距离 IC 引脚上方 6mm 左右，如图 2-20 所示。

图 2-20　加热拆卸 IC

d. 待 IC 引脚焊锡点熔化时，用镊子移开 IC，如图 2-21 所示。

e. 取下集成电路后清除余锡及焊剂杂质（可用无水乙醇或天那水清除焊剂杂质，用电烙铁把电路板上的焊盘整理平整），如图 2-22 所示。

图 2-21　用镊子移开 IC

图 2-22　整理电路板上的焊盘

②焊接操作。

a. 将拆卸下来的 IC 用无水乙醇或天那水进行清洗，用烙铁将脚位焊平整，并放在带灯放大镜下检查脚位有无离位，有无焊锡短路，如有，则重新进行处理，如是新买回的 IC 则不需此步处理。

b. 将整理好的 IC 按原标志放回电路板上，检查所有引脚是否与相应的焊点对准，如有偏差，可适当移动芯片或整理有关的引脚。

c. 把助焊剂涂在 IC 各引脚上，用烙铁把 IC 芯片四个角位焊接定位。

d. 用热风枪在 IC 各边引脚处来回移动，逐一吹焊牢固，吹焊时要控制好风速，防止把 IC 吹移位，如发现 IC 位置稍有偏差，可待四周焊锡完全熔化后，用镊子将其轻推一下，即可复位，然后用镊子在 IC 上面轻轻向下压一下，使其与电路板接触良好，如图 2-23 所示。

e. 清洗助焊剂，检查电路板上有无锡珠、锡丝引起的短路现象，待 IC 冷却后方可通电试机。

焊接的时候，也可以不用热风枪而用电烙铁焊接，**具体方法是：** 先用烙铁把 IC 芯片四个角位焊接定位，然后在电烙铁上加足焊锡和焊剂，温度调到 450℃，烙铁头接触 IC 引脚并顺着往同一个方向快速拖动，用拖焊的方法，把 IC 焊牢，如图 2-24 所示。

图 2-23　用热风枪焊接 IC

图 2-24　用电烙铁拖焊 IC

第二节　常用汽车检测仪表

一、指针式万用表

万用表有指针式万用表和数字式万用表两种。指针式万用表是一种广泛使用的仪表，它可以测量电压、电流、电阻，还可以测量电子元器件的好坏。指针式万用表种类很多，使用方法大同小异，下面以 MF-47C 型万用表为例进行介绍。

MF-47C 型万用表的面板主要由刻度盘、挡位转换开关、旋钮和插孔构成，如图 2-25 所示。

1. 刻度盘

刻度盘用来指示被测量值的大小，它由一根表针和八条刻度线组成。刻度盘如图 2-26 所示。

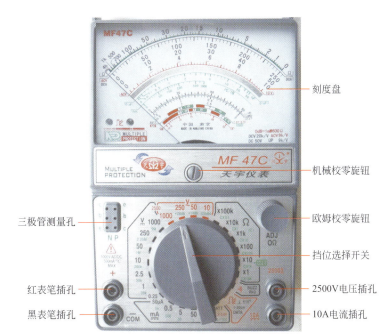

图 2-25 MF-47C 型万用表的面板

图 2-26 刻度盘

第一条标有"Ω"字样的是欧姆刻度线。在测量电阻阻值时查看该刻度线。这条刻度线最右端刻度表示的阻值最小(为0),最左端刻度表示阻值最大(为无穷大)。在未测量时表针指在左端无穷大处。

第二条标有"ACV、DCV"(左方)和"DCA"(右方)字样的是交、直流电压/直流电流刻度线。在测量交流电压、直流电压和直流电流时都看这条刻度线。该刻度线最左端刻度表示最小值,最右端刻度表示最大值,在该刻度线下方标有三组数,它们的最大值分别是 250、50 和 10,当选择不同挡位时,要将刻度线的最大刻度看作该挡位最大量程数值。如挡位选择开关置于"10V"挡测量时,表针若指在刻度线最大刻度处,表示测量的电压值为 10V(而不是 250V 或 50V)。

第三条标有"ACV"(左方)和"10V"(右方)字样的是交流 10V 挡专用刻度线。在挡位开关置于交流 10V 测量时查看该刻度线。

第四条标有"C(μF)"字样的是电容量刻度线。在测量电容时查看该刻度线。

第五条标有"hFE"字样的是三极管放大倍数刻度线。在测量三极管放大倍数时查看该刻度线。

第六条标有"LI（μA）（mA）和 LV"字样的是 LI 和 LV 刻度线，是电阻挡的辅助刻度线。

第七条标有"BATT"（左方）和"1.2 ～ 3.7V"（右方）字样的是电池电量测量刻度线。在测量 1.2 ～ 3.6V 的各类电池（不包括纽扣电池）的电量时查看该刻度线。

第八条标有"dB"字样的是音频电平刻度线。在测量音频信号电平时查看该刻度线。

2. 挡位选择开关

挡位选择开关的功能是选择不同的测量挡位。挡位选择开关如图 2-27 所示。

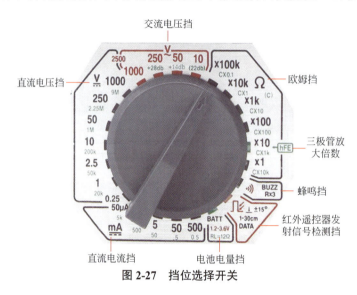

图 2-27　挡位选择开关

3. 旋钮

万用表面板上有两个旋钮，即机械校零旋钮和欧姆校零旋钮，如图 2-25 所示。

机械校零旋钮的功能是在测量前将表针调到电压/电流刻度线的"0"刻度处。欧姆校零旋钮功能是在使用欧姆挡时，将表针调到欧姆刻度线的"0"刻度处。

4. 插孔

万用表面板上有四个独立插孔和一个六孔组合插孔，如图 2-25 所示。标有"+"字样的为红表笔插孔；标有"-"（或 COM）"字样的为黑表笔插孔；标有"10A"字样的为 10A 电流插孔，当测量 500mA ～ 10A 范围内的电流时，红表笔插入该插孔；标有"2500V"字样的为 2500V 电压插孔，当测量 1000 ～ 2500V 范围内的电压时，红表笔插入该插孔。六孔组合插孔为三极管测量插孔，标有"N"字样的三个孔为 NPN 型三极管的测量插孔；标有"P"字样的三个孔为 PNP 型三极管的测量插孔。

5. 测量操作

（1）直流电流和电压的测量　测量 0.05 ～ 500mA 的直流电流或 0.25 ～ 1000V 的直流电压时，先将选择开关旋至相应被测量的范围内，选好量程，再将测试表笔串入（测电流）或并入（测电压）被测电路中进行测量。**注意插在"+"孔中的红表笔应接在被测电路的正极，插在"-"（或 COM）"孔中的黑表笔应接在被测电路的负极。**

> **提示**
>
> 测量时的量程选择要合适，应使指针偏转在 2/3 量程左右的范围内。10A 和 2500V 量程为单独插孔，在使用 10A 直流电流插孔测直流电流时，选择开关应置于 500mA 电流量程位置，使用 2500V 电压插孔测直流电压时，选择开关应置于直流 1000V 电压量程位置。

下面以测量一节电池的电压值来说明测量电压的操作，如图 2-28 所示，具体步骤如下。

① **选择挡位**。测量前先估计被测电压可能的最大值，再根据挡位应高于且最接近被测电压的原则选择挡位，若无法估计，可先选最高挡位测量，再根据大致测量值重新选择合适的低挡位测量。一节电池的电压一般大于 1V 但低于 2.5V，所以选择 2.5V 挡位最为合适。

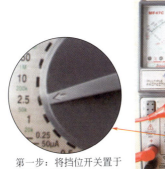

图 2-28　直流电压的测量

② **将红、黑表笔接被测电池**。红表笔接被测电池的正极，黑表笔接被测电池的负极。

③ **读数**。在刻度盘上找到标有"ACV、DCV"（左方）和"DCA"（右方）字样的刻度线（即第二条刻度线），该刻度线上有最大值分别是 250、50、10 的三组数对应。因为测量时选择的挡位为 2.5V，所以选择最大值为 250 的那一组数进行读数，然后将实测的数据除以 100 即可。现观察表针在接近 150 的位置，约为 145，由此可知被测电池的电压为 1.45V。

（2）**交流电压的测量**　交流电压的测量方法与直流电压的测量方法相同。

> **提示**
>
> 在使用 2500V 电压插孔测交流电压时，选择开关需置于交流 1000V 量程位置。

（3）**电阻的测量**　MF-47C 型万用表欧姆挡具有 6 个量程，它们共用一条刻度线。由于量程之间是 10 倍关系，为保证测量准确，每次测量前首先选好量程，然后必须调零。

> **提示**
>
> 测量时，若被测量超出量程范围，应转换量程挡，调零后重新测量。

下面以测量一个电阻的阻值来说明欧姆挡的使用方法，如图 2-29 和图 2-30 所示，具体步骤如下。

① **选择挡位**。首先估计被测电阻可能的最大值的大小，然后选择合适的挡位。选择挡位的原则是：测量时尽可能让表针指在欧姆刻度线的中央位置，因为表针在刻度中央位置附近测量值最准确。如果不能估计电阻的阻值，可先选高挡位测量，若发现阻值偏小时，再转换到合适的低挡位重新测量。现估计电阻阻值为几百千欧，选择 ×10kΩ 挡比较合适。

② **欧姆校零**。选择好挡位后要进行欧姆校零，欧姆校零过程如图 2-29 所示。先将红、黑表笔短接，观察表针是否指到欧姆刻度线（即第一条标有"Ω"字样的刻度线）的"0"处，若表针没有指在"0"处，可调节欧姆校零旋钮，直到将表针调到"0"处，如果无法将表针调到"0"处，一般为万用表内部电池电量不足所致，需要更换新电池。

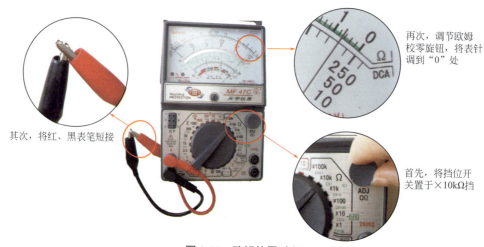

图 2-29　欧姆校零过程

③ **将红、黑表笔接被测电阻两端**。电阻没有正、负极之分，红、黑表笔可随意接在被测电阻两端。

④ **读数**。查看欧姆刻度线，观察表针所指的数值，然后将该数值乘以挡位数，即得到该电阻的阻值。在图 2-30 中，万用表表针指在数值"24"处，选择的挡位为 ×10kΩ，所以被测电阻的阻值为 24×10kΩ=240kΩ。

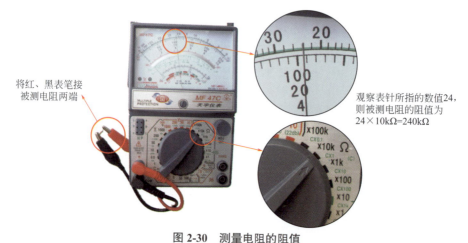

图 2-30　测量电阻的阻值

（4）三极管直流放大系数的测量　先将选择开关置于"$R\times 10hFE$"位置，短接红黑表笔，调节欧姆调零旋钮，然后将待测三极管管脚分别插入三极管测试座的 ebc 管座内，就可根据指针位置从绿色刻度线上读取该三极管的直流放大系数（图 2-31）。

 提示

NPN 型三极管应插入 N 型管孔内，PNP 型三极管应插入 P 型管孔内。

下面以测量一个 PNP 三极管为例来说明三极管放大倍数的测量方法，如图 2-31 所示，具体步骤如下。

① **选择挡位**。将转换开关置于"$R\times 10hFE$"位置。
② **欧姆校零**。选择好挡位后要进行欧姆校零，与电阻测量时的欧姆校零方法相同。
③ 将 **PNP 型三极管插入 P 型管孔内**。
④ **读数**。查看标有"hFE"字样的三极管放大倍数刻度线，观察表针所指的数值，现表针读数为"100"，所以被测三极管直流放大系数为 100 倍。

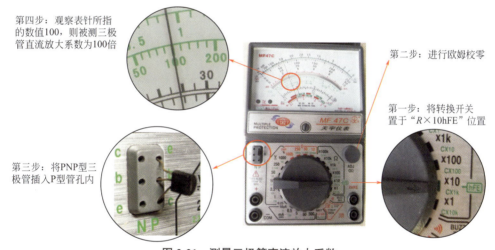

图 2-31　测量三极管直流放大系数

6. 万用表使用注意事项

使用万用表时，要按正确的方法进行操作，否则会使测量值不准确，重则会烧坏万用表，甚至会触电危害人身安全。

万用表的使用事项如下。

① 测量时不要选错挡位，特别是不能用电流或电阻挡来测电压，这样极易烧坏万用表。万用表不用时，可将选择开关置于交流电压最高挡（如 1000V 挡）位置。

② 测量直流电压或直流电流时，要将红表笔接电源或电路的高电位，黑表笔接低电位，若表笔接错会使表针反偏，这时应马上互换红、黑表笔的位置。

③ 若不能估计被测电压、电流或电阻的大小，应先用最高挡，如果高挡位测量值偏小，可根据测量值大小选择相应的低挡位重新测量。

④ 测量时，手不要接触表笔的金属部位，以免触电或影响测量精确度。

⑤ **测量电阻阻值和三极管放大倍数时要进行欧姆校零**，如果用旋钮无法将表针调到欧姆刻度的"0"处，一般为万用表内部电池电量不足，应更换新电池。

二、数字式万用表

数字式万用表与指针式万用表相比，具有测试准确度高、测量速度快、功能多等优点。数字式万用表普遍用于汽车电气诊断与检测。不同的万用表其功能及结构不尽相同，但基本都是由液晶显示屏、功能按钮、挡位选择开关、测试表笔插口等构成。如图2-32所示为DT-9205A数字式万用表，该万用表可测量直流和交流电压、直流和交流电流、电阻、电容、二极管、三极管放大倍数等。

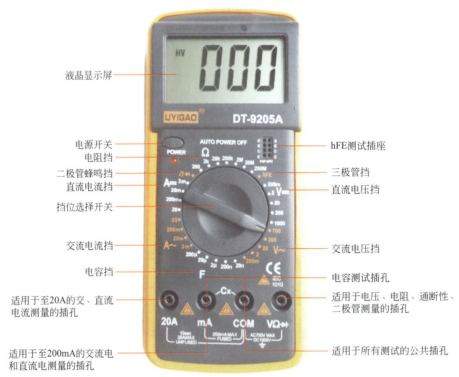

图2-32　DT-9205A数字式万用表

1. 液晶显示屏

液晶显示屏用来显示测量到的信息，它可以显示4位数字。

2. 挡位选择开关

通过挡位选择开关可选择不同的测量挡位，它包括直流电压挡、交流电压挡、直流电流挡、电阻挡、二极管测量挡和三极管放大倍数测量挡。

3. 插孔

数字式万用表的面板上有四个独立插孔和一个六孔组合插孔。标有"COM"的为黑表笔插孔；标有"VΩ→⊢"的为红表笔插孔；标有"mA"的为最大值200mA电流插孔，在测量200mA范围内的电流时，红表笔要插入该插孔；标有"20A"的为大电流插孔，在测量 200mA ～ 20A 范围内的电流时，红表笔要插入该插孔。六孔组合插孔为三极管测量插孔。

（1）测量交流和直流电压

① 将挡位选择开关转到 V～、V 挡，选择交流电或直流电，如图 2-33 所示。

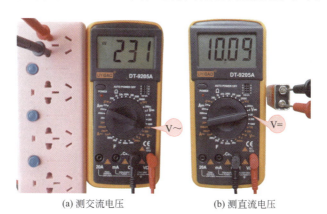

(a) 测交流电压　　　　　　(b) 测直流电压

图 2-33　测量交流和直流电压

② 将红色表笔插入"VΩ ▶┤"插孔，将黑色表笔插入 COM 插孔。

③ 将红、黑表笔接触想要的电路测试点，测量电压。

④ 阅读显示屏上测出的电压。

（2）测量交流和直流电流

① 将挡位选择开关转到 A～、A 挡。

② 根据待测的电流的大小，将红色表笔插入 20A 或 mA 插孔，将黑色表笔插入 COM 插孔。

③ 断开待测的电路，然后将红、黑表笔串接断口并接通电源。

④ 阅读显示屏上测出的电流。

（3）测量电阻（图 2-34）

① 将挡位选择开关转至"Ω"挡。确保已切断待测电路的电源。

② 将红色测试导线插入"VΩ ▶┤"插孔，将黑色测试导线插入 COM 插孔。

③ 将红、黑表笔接触待测电路的测试点，测量电阻。

④ 阅读显示屏上测出的电阻。

（4）通断性测试

① 将挡位选择开关转至"♪ ▶┤"挡。

② 将红色表笔插入"VΩ ▶┤"插孔，将黑色表笔插入 COM 插孔。

③ 将红、黑表笔接触想要的电路测试点，若电阻不超过 50Ω，蜂鸣器会发出连续音，表明短路。

（5）测试二极管（图 2-35）

① 将挡位选择开关转至"♪ ▶┤"挡。

② 将红色测试导线插入"VΩ ▶┤"插孔，将黑色测试导线插入 COM 插孔。

③ 将红色表笔接到待测二极管的阳极，而黑色表笔接到阴极。

④ 阅读显示屏上的正向偏压值。

图 2-34 测量线路的电阻

图 2-35 测试二极管

三、汽车万用表

1. 汽车万用表的功能

汽车万用表是一个具有特殊用途的专用型数字万用表（图 2-36），它除了具备普通数字式万用表所有的功能外，还具有汽车专用项目的测试功能，如可以检测转速、闭合角、频宽比（占空比）、频率、压力、时间等。

图 2-36 汽车万用表

2. 汽车万用表使用方法

（1）温度的检测　将功能选择开关置于温度挡（Temp），把温度探针插入温度检测插座，按动温度测量单位选择钮℃/F，再把温度探针接触所测物体的表面，显示器即显示出所测的温度。

（2）信号频率的检测 将功能选择开关转至频率挡（Freq），公用插座（COM）的测试线搭铁，VΩHz插座的测试线接被测的信号线，此时在显示器上即可读取被测信号的频率。

（3）闭合角的检测 将功能选择开关转至相应发动机气缸数的闭合角测量位置（Dwell），公用插座（COM）的测试线搭铁，VΩHz插座的测试线接点火线圈负极"-"接线柱，在发动机运转时显示器即能显示出点火线圈初级电流增长的时间（即闭合角，也叫导通角）。

（4）喷油器喷油脉宽的测量 先将功能选择开关转至占空比（Duty Cycle）位置，测量出喷油器喷油的占空比后，再将功能选择开关置于频率挡（Freq），测量出喷油器的工作频率。根据喷油脉宽＝占空比（%）/工作频率（s），计算出喷油器喷油的脉冲宽度（即喷油时间）。

（5）占空比的检测 将功能选择开关转至占空比测量位置（Duty Cycle），公用插座（COM）的测试线搭铁，VΩHz插座的测试线接被测的信号线，显示器即显示出被测电路一个工作循环（周期）中脉冲信号所保持时间的相对百分数，即占空比。

（6）转速的测量 将功能选择开关置于转速挡（RPM），将转速测量的专用插头插入公用插座和VΩHz插座，再将感应式转速传感器的夹子夹到某一缸的高压分线上，在发动机工作时显示器即显示出发动机的转速。

（7）起动机启动电流的检查 将功能选择开关置于400mV挡（1mV相当于1A），把霍尔效应式电流传感器的夹子夹在蓄电池的电源线上，按动最小/最大按钮（Min/Max），拆除点火线圈上的低压线插头，并转动发电机曲轴2～3s，显示器即能显示出启动电流。

（8）氧传感器的检测 首先拆下氧传感器线束，将功能选择开关置于4V挡，按动DC/AC按钮并置于DC状态；再按Min/Max按钮，使COM插座的测试线搭铁，VΩHz插座的测试线与氧传感器的跨接线相连，让发动机运转至快怠速（约2000r/min），此时氧传感器的工作温度可达360℃以上，排气浓时，氧传感器的输出电压约为0.8V，排气稀时，输出电压在0.1～0.2V之间。但是，当氧传感器的工作温度低于360℃时，则无电压信号输出。

四、钳形电流表

钳形电流表又称钳形表，它是一种测量电气线路电流大小的仪表。在汽车维修中主要用于启动系统故障的检测，还可用于充电系统、全车线路漏电电流以及任何需要测量电流的地方。其优点是在测量电流时不需要断开电路。钳形电流表有指针式和数字式两种，如图2-37所示。

(a) 指针式　　(b) 数字式

图 2-37　钳形电流表

1. 使用方法

① **估计被测电流大小的范围，选取合适的电流挡位**。选择的电流挡应大于被测电流，若无法估计电流范围，可先选择大电流挡测量，测得值偏小时再选择小电流挡。

② **钳入被测导线**。在测量时，按下钳形电流表上的扳手，张开铁芯，钳入一根导线。

③ **读数**。从刻度盘或显示器上读出电流大小。

2. 用钳形电流表测全车线路漏电电流

当关闭点火开关后，如果全车存在漏电故障，将会使蓄电池的电能消耗完毕，造成启动困难故障。现在汽车都装有电子控制系统，这些电子控制系统需要记忆一些数据，所以不能断开电源。维修时，如果采用以前断开电源线串入电流表的办法则比较麻烦，这时可采用钳形电流表，在不用断电的情况进行测量。一般选用精度为 10mA 的钳形电流表可以满足测量的要求。

测量方法：将怀疑存在漏电故障的车辆的全车电器关闭，然后在蓄电池正极线或负极线上夹上钳形电流表，测量漏电电流（如图 2-38 所示在蓄电池负极线上测量），如果测出的漏电电流超过 40mA，在关闭点火开关 20min 以上仍旧不能下降，则确认车辆存在漏电故障，然后进一步检查。

再次确认所有开关都处于关闭状态，然后分系统进行检测，如果怀疑哪一个系统存在故障，可以将它的电源线找出来，在不断电的情况下测量电流，最后找出故障原因。

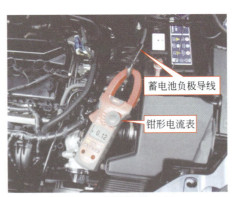

图 2-38　测量漏电电流

五、汽车示波器

汽车示波器可以把汽车电气控制系统中的输入信号（如各类传感器信号）和输出信号（如点火、喷油等各类执行器信号）以波形的形式显示在屏幕上，检测人员通过波形分析就可以判断汽车电气的故障。示波器比一般电子设备速度快，是唯一能显示瞬时波形的检测仪器。汽车示波器将汽车电子设备的测试设定得非常简单，通过菜单选择要测试的内容即可以直接观察波形。如图 2-39 所示为金涵 ADO104 汽车示波器。

1. 汽车示波器的功能及使用

汽车示波器可以快速捕捉电路信号，还可以用较慢的速度来显示这些波形，以便可以一边观察，一边进行分析。它还可以用储存的方式记录信号波形，也可以回放观察已经发生过的快速信号，这就为分析故障提供了极大方便。无论是高速信号（例如喷油器、间歇性故障信号），还是低速信号（例如节气门位置变化及氧传感器信号），用汽车示波器来观察都可以得到想要得到的波形结果。不同品牌的汽车示波器功能大同小异，一般按使用说明书即可操作使用，下面以金涵 ADO104 汽车示波器为例介绍其功能。

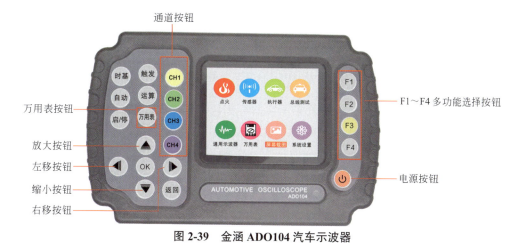

图 2-39　金涵 ADO104 汽车示波器

金涵 ADO104 汽车示波器在面板显示屏的左右方标有各个功能按键，通过上、下、左、右键设置当前菜单的不同选项。而长按红色衬底的电源按钮可以对示波器进行开机或关机操作。其他按键为功能按键，通过操作功能按键可以进入不同的功能菜单或直接获得特定的功能应用，界面显示如图 2-40 所示。

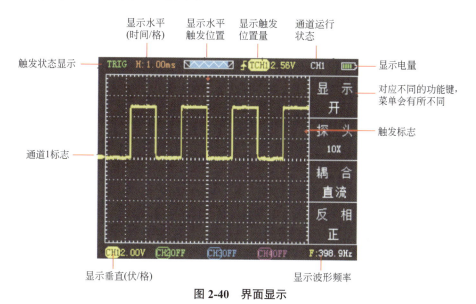

图 2-40　界面显示

金涵 ADO104 汽车示波器具有汽车专用示波器、通用示波器、万用表的功能，下面主要介绍汽车专用示波器的功能。在汽车专用示波器功能中，它具有点火、传感器、执行器、总线测试的功能，如图 2-41 所示。

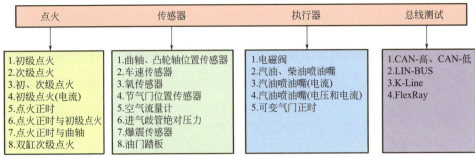

图 2-41　金涵 ADO104 汽车专用示波器功能

（1）点火功能　金涵 ADO104 汽车示波器可测量汽车点火波形，下面以测初级点火波形为例进行讲解。

① 示波器装上电池后，长按示波器的红色电源"⬤"按钮，直到听到蜂鸣器响即可松手，此时示波器进入主菜单界面，如图 2-42 所示。

② 进入主菜单界面后，可通过上、下、左、右按键选择仪器工作模式，然后按"OK"键，默认选中"点火"，选中后进入点火功能选择界面，然后通过上、下键选择"初级点火"即可进入示波器操作界面，如图 2-43 所示。

图 2-42　主菜单界面　　　　　　　　图 2-43　点火功能选择界面

③ 将探头接到示波器 CH1 且探头设置 10× 挡，然后接地夹接到信号地或搭铁。

④ 由于示波器初级点火已默认好设置（探头挡 10×，时基挡 1ms），只需将探头针连接点火线圈即可直观地显示波形，如图 2-44 所示（当波形晃动变化太快难以捕捉时，可以设置为单次触发模式后再去检测）。

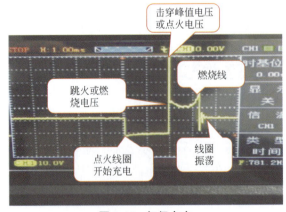

图 2-44　初级点火

⑤ 按下"CH1",可以查看各项数值和配置(配置已默认)。

⑥ 显示的波形可以自行通过调节时基、垂直(伏/格)和触发方式实现自己的需求。

(2)传感器功能 金涵ADO104汽车示波器可测多种传感器的波形,下面以测试曲轴、凸轮轴位置传感器波形为例进行讲解。

① 示波器装上电池后,长按示波器的红色电源""按钮,直到听到蜂鸣器响即可松手,此时示波器进入主菜单界面,如图2-42所示。

② 进入主菜单界面后选择"传感器",然后进入子菜单,按上、下键选择"曲轴、凸轮轴传感器"(图2-45),进入二级子菜单,按上、下键选择"磁电式"或"霍尔式",按"OK"键确认后进入操作界面前会分别提示"幅度随转速变化"和"0～5V或0～12V",等待几秒后即可进入示波器界面(注:通道和功能要对应CH1——曲轴位置传感器,CH2——凸轮轴位置传感器)。

③ 将探头接到示波器CH1、CH2且探头设置1×挡,然后接地夹接到信号地或搭铁。

④ 由于示波器"磁电式"或"霍尔式"已默认设置好(探头挡1×,时基挡10ms),只需将探头针连接好即可显示波形,如图2-46所示(所测是800转下的波形)。

⑤ 按下"CH1"或"CH2",可以查看各项数值和配置(配置已默认)。

⑥ 显示的波形可以自行通过调节时基、垂直(伏/格)和触发方式实现自己的需求。

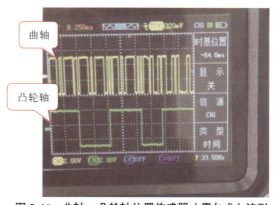

图 2-45 传感器界面　　图 2-46 曲轴、凸轮轴位置传感器(霍尔式)波形

(3)执行器功能 金涵ADO104汽车示波器可测执行器的波形,下面以测电磁阀波形为例进行讲解。

① 示波器装上电池后,长按示波器的红色电源" "按钮,直到听到蜂鸣器响即可松手,此时示波器进入主菜单界面,如图2-42所示。

② 进入主菜单界面后选择"执行器",然后进入子菜单,按上、下键选择"电磁阀"(图2-47),按"OK"键确认后进入示波器操作界面。

③ 将探头接到示波器CH1且探头设置1×挡,然后接地夹接到信号地或搭铁。

图 2-47 执行器界面

④ 由于示波器"电磁阀"已默认设置好(探头挡1×,时基挡25ms),只需将探头针

连接到对应的信号即可直观地显示波形，如图 2-48 所示。

⑤ 按下"CH1"，可以查看各项数值和配置（配置已默认）。

⑥ 显示的波形可以自行通过调节时基、垂直（伏/格）和触发方式实现自己的需求。

⑦ 如果波形超出屏幕，则需要将探头和示波器切换到 10×，电磁阀波形会随转速的变化而变化。

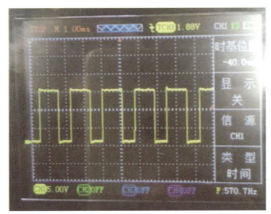

图 2-48　电磁阀波形

（4）总线测试　金涵 ADO104 汽车示波器可测总线的波形，下面以测试 CAN- 高、CAN- 低波形为例进行讲解。

总线测试
1. CAN-高、CNA-低
2. LIN-BUS
3. K-Line
4. FlexRay

图 2-49　CAN- 高、CAN- 低界面

① 示波器装上电池后，长按示波器的红色电源" "按钮，直到听到蜂鸣器响即可松手，此时示波器进入主菜单界面，如图 2-42 所示。

② 进入主菜单界面后选择"总线测试"，然后进入子菜单，按上、下键选择"CAN- 高、CAN- 低"（图 2-49），按"OK"键确认后进入示波器操作界面。

③ 将探头接到示波器 CH1、CH2 且探头设置 1× 挡，然后接地夹接到信号地或搭铁。

④ 由于示波器"CAN- 高、CAN- 低"已默认设置好（CH1、CH2 探头挡 1×，时基挡 25μs），只需将探头针连接到对应的信号即可直观地显示波形，如图 2-50 所示。

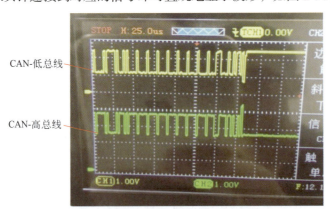

图 2-50　CAN- 高、CAN- 低总线波形

⑤ 按下"CH1"和"CH2"，可以查看各项数值和配置（配置已默认）。
⑥ 显示的波形可以自行通过调节时基、垂直（伏/格）和触发方式实现自己的需求。

2. 使用注意事项

在使用汽车专用示波器时应注意以下事项。

① **测试点火波形时，必须使用示波器附件中的专用电容探头**，不能将示波器探头直接接入点火次级电路。

② 使用汽车示波器时，**注意远离热源**，例如排气管、催化器等，温度过高会损坏仪器。

③ 汽车示波器在测试时要注意测试线尽量离开风扇叶片、皮带等转动部件。

④ 路试中，不要将汽车示波器放在仪表台上方，最好是拿在手中测试。

⑤ 测试时确认发动机盖支撑是否到位，防止发动机盖自动下降时伤及头部或损坏汽车示波器。

六、汽车故障诊断仪

汽车故障诊断仪（又称汽车解码器）是用于检测汽车故障的便携式智能检测设备，用户利用它可以迅速地读取汽车电控系统中的故障，并通过液晶显示屏显示故障信息，迅速查明发生故障的部位及原因。

1. 故障诊断仪介绍

故障诊断仪有两种，一种是专用故障诊断仪；另一种是通用故障诊断仪。

（1）专用故障诊断仪　专用故障诊断仪是汽车生产厂家为自己生产的汽车专门设计制造的，**一般只在特约维修站（4S店）配备**，如通用公司的 TECH 2、大众汽车公司的 VAG 1551 和 VAG 1552 及 VAG 1552A、奔驰公司的 Star 2000、宝马公司的 GT 1、丰田公司的 IT Ⅱ 等。

如图 2-51 所示是大众公司的专用故障诊断仪 VAS 5051，它是一个便携式设备，通过触摸屏进行操作，具有自诊断、测量仪器、示波器、故障引导程序功能。

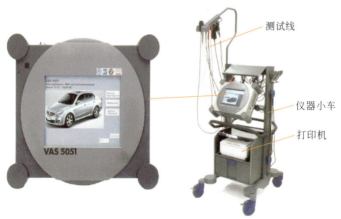

图 2-51　大众公司的专用故障诊断仪 VAS 5051

（2）通用故障诊断仪　通用故障诊断仪可测试的车型较多，使用范围较宽，具有控制电脑版本识别、故障码的读取和清除、动态数据参数显示、传感器和部分执行器的功能测试与调整、某些特殊参数的设定、维修资料及故障诊断提示、路试记录等功能。**但它与专用故障诊断仪相比，无法完成某些特殊功能。**常用的通用故障诊断仪如图2-52所示。

(a) 金德KT600故障诊断仪　　　　　　(b) 元征X-431故障诊断仪

图2-52　常用的通用故障诊断仪

2. 金德KT 600故障诊断仪的使用

下面以金德KT 600故障诊断仪为例，介绍通用故障诊断仪的使用方法。

（1）主机介绍　如图2-53所示为KT 600故障诊断仪正面和背面视图，如图2-54所示为KT600故障诊断仪上端和下端视图。

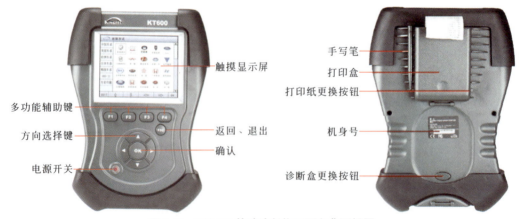

图2-53　KT 600故障诊断仪正面和背面视图

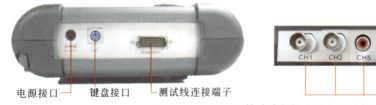

图2-54　KT 600故障诊断仪上端和下端视图

（2）故障诊断步骤

① 一般测试条件。

a. 汽车蓄电池电压应为 11～14V，KT 600 的额定电压为 12V。

b. 节气门应处于关闭状态，即怠速状态。

c. 点火正时和怠速应在标准范围内，水温和变速箱油温达到正常工作温度（水温 90～110℃，变速箱油温 50～80℃）。

② 设备连接

a. 将 KT 600 诊断盒插入诊断插槽内，注意插入方向，将印有"UP"字样的一面朝上。

b. 确定诊断座的位置、形状以及是否需要外接电源。

c. 根据车型及诊断座的形状选择相应的接头。

d. 将测试延长线的一端插入 KT 600 的测试口内，另一端连接测试接头。

e. 将连接好测试延长线的测试接头插到车辆的诊断座上。

　　一定要先连接好主机、测试延长线和诊断接头后，才把测试接头连接到诊断座上，否则容易导致连接过程中因导线短路造成诊断座熔丝熔化。

③ 进入诊断系统。连接好仪器，打开汽车点火开关，按下 KT 600 的电源开关，进入主菜单，选择车系，如图 2-55 所示。

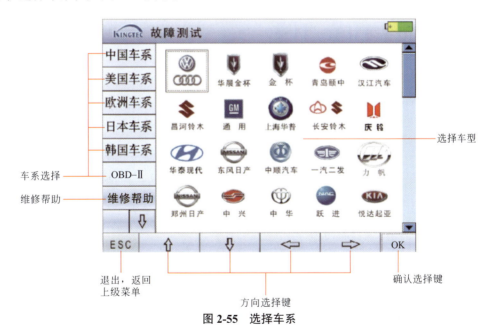

图 2-55　选择车系

选择相应的车型图标进行车辆故障测试，如点击中国车系下的奥迪大众图标，屏幕显示该车型的诊断信息，V02.32 为当前仪器内该车型的诊断车型版本（根据测试版本的不同，该版本号在程序升级后会随之改变），如图 2-56 所示。

图 2-56 选择系统

> **提示**
>
> 不同车型的诊断界面操作方法大体相似,各车型具体的测试方法请按照仪器界面提示操作。
>
> 触摸"OK"按钮,确认选择,执行当前任务。触摸"ESC"按钮,退出,返回上级菜单。

下面以大众车系发动机系统下的各项检测功能为例进行操作。

点击"选择系统"栏,进入下一级操作界面,如图 2-57 所示。

测试功能包括读取车辆电脑型号、读取故障码、清除故障码、读取动态数据流、基本设定、控制器编码、元件控制测试、各种调整匹配、自适应值清除、系统登录、防盗钥匙匹配等。

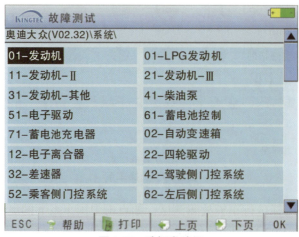

图 2-57 选择发动机

不同系统的测试方法相似,现以发动机系统为例进行说明。

选择"01-发动机",将显示汽车电脑版本号,部分车型会有多屏显示,请点击查看。读取完汽车电脑版本号后,按任意键,进入系统诊断界面。

a. 读取车辆电脑型号。此项功能可以读取被测试系统的电脑信息,包括版本号、服务站代码以及相关信息。一般更换车辆控制单元时,需要读出原控制单元信息并记录,以作为更换新控制单元的参考,对新的控制单元进行编码时,需要原控制单元信息。

在系统功能选择菜单中选择"01-读取车辆电脑型号",屏幕显示如图 2-58 所示。

图 2-58　读取汽车电脑版本号

b. 读取故障码。此项功能可以读取被测试系统 ECU 存储器内的故障码,帮助维修人员快速查到引起车辆故障的原因。在系统功能选择菜单中选择"02-读取故障码",系统开始检测电脑随机存储器(ROM)中存储的故障记忆内容,测试完毕屏幕显示出测试结果,如图 2-59 所示。

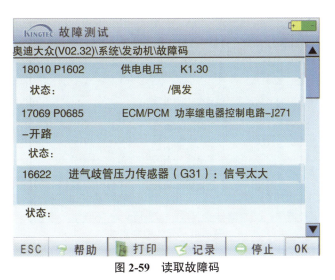

图 2-59　读取故障码

通过滚动条滚动屏幕查看所有故障码信息,若所测试系统无故障码,则屏幕显示"系统正常"字样,按"ESC"按键返回上一级菜单。

c. 清除故障码。在系统功能选择菜单中选择"05- 清除故障码"进入操作界面,如图 2-60 所示。

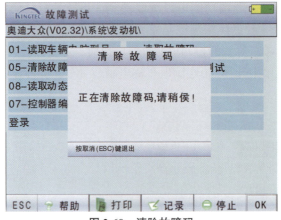

图 2-60　清除故障码

此项功能可以清除被测试系统 ECU 内存储的故障码。一般车型请严格按照常规顺序操作:先读故障码并记录(或打印),然后再清除故障码,试车、再次读取故障码进行验证,确认故障码不再出现。当前硬性故障码是不能被清除的,如果是氧传感器、爆震传感器、混合气修正、气缸失火之类的技术型故障码虽然能立即清除,但在一定周期内还会出现。必须要彻底排除故障之后故障码才不会再出现。

d. 元件控制测试。此项功能可以检查执行元件的电路工作状况,进行元件控制测试时可以观察该元件是否正常工作,如果该执行元件不正常工作,则需要检查相关电器元件、插头线束或机械部位是否存在故障。在系统功能选择菜单选择"03- 元件控制测试"进入操作界面,如图 2-61 所示。

图 2-61　元件控制测试

 注意

03- 元件控制测试功能的使用请按照原厂手册操作,以免造成车辆故障。

e. 读取动态数据流。在系统功能选择菜单中选择"08-读取动态数据流"菜单进入操作界面。例如，进入奥迪大众的测试系统，仪器默认读取1、2、3组数据流，如图2-62所示，用户可以通过点击屏幕界面上的组号调节框顺序增减组号大小，选择不同的数据流组；或者可以直接点击组号框，利用界面弹出的小键盘输入具体的数据流组号。通过此项功能，用户可以读取到任意组的动态数据流。

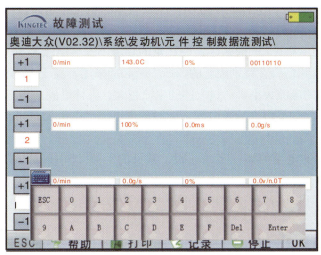

图 2-62　读取动态数据流

f. 故障检查。退出检测程序，关闭点火开关，检查故障诊断仪显示的故障部位，如检查元件的安装是否正确，元件的连接插头是否松动，导线是否断路或短路，用万用表测量元件是否损坏等。

g. 再次清除故障码。打开点火开关，进入检测程序读取故障码，如果系统显示正常，说明故障已排除，否则应继续查找故障原因。

h. 结束检测。故障排除后退出检测程序，关闭故障诊断仪电源开关，然后关闭点火开关，拔下检测插头。

第三节　安全用电知识

一、电流对人体的危害

触电是由于人体接触或接近带电体所引起的人体局部受伤或死亡的现象。

1. 触电的种类

根据人体受到伤害的程度不同，触电可分为电伤和电击两种。

（1）**电伤**　电流对人体外部造成的局部伤害，包括电弧烧伤、熔化的金属渗入皮肤等伤害。

（2）**电击**　电击是指电流通过人体，使体内器官组织受到损伤，是最危险的触电事故。如受害者不能迅速摆脱带电体，则可能会造成死亡事故。

2. 与触电伤害程度有关的因素

有电流通过人体是触电对人体伤害的最根本原因，触电对人体伤害程度的具体相关因素如下。

（1）**人体电阻的大小**　人体电阻主要集中在皮肤，其电阻大小不是固定的，皮肤干燥时电阻较大（10～100kΩ），而皮肤潮湿、有汗或皮肤破损时人体电阻较小（800～1000Ω）。在接触大小相同的电压时，人体电阻越小，流过人体的电流就越大，触电对人体的伤害就越严重。

（2）**触电电压的大小**　一般规定，在正常的环境下安全电压为 36V。但电气设备环境越潮湿，安全电压就越低，在特别潮湿的场所中，必须采用不高于 12V 的电压。

（3）**通过人体的电流大小**　通过人体的电流越大，人体受到的伤害就越严重。

（4）**触电时间**　如果触电后长时间未能脱离带电体，电流长时间通过人体就会造成严重的伤害。

（5）**通过人体的电流种类**　实践证明，常见的工频（50Hz 或 60Hz）电流的危险性最大，高频电流的危害性较小。人体通过工频电流 1mA 时就会有麻木的感觉，10mA 为摆脱电流，人体通过 50mA 的工频电流时，中枢神经就会遭受损害，从而使心脏停止跳动而死亡。

一般规定：**10mA 以下的工频（50Hz 或 60Hz）交流电流或 50mA 以下的直流电流对人体是安全的，故将该范围内的电流称为安全电流。**

（6）**电流通过人体的途径**　若电流通过大脑，会对大脑造成严重损伤；电流通过脊髓，会造成瘫痪；电流通过心脏，会引起心室颤动甚至会使心脏停止跳动。总之，**以电流通过心脏和大脑时，对人体危害最大，所以双手之间、头足之间和手脚之间的触电更为危险。**

二、人体触电的几种方式

人体触电的方式主要有单相触电、两相触电和跨步电压触电。

1. 单相触电

单相触电是指人体只接触一根相线，电流通过人体流入大地时发生的触电。单相触电又分为电源中性点接地触电和电源中性点不接地触电。

（1）**电源中性点接地的单相触电**　电源中性点接地的单相触电是在电力变压器低压侧中性点直接接地的情况下发生的，这种触电方式如图 2-63 所示。**该触电方式对人体的伤害程度与人体与地面的接触电阻有关。**若人赤脚站在地面上，人与地面的接触电阻小，流过人体的电流大，触电伤害大；若人穿着胶底鞋，人体与地面的绝缘较好，则伤害轻。

（2）**电源中性点不接地的单相触电**　电源中性点不接地的单相触电是在电力变压器低压侧中性点不接地的情况下发生的，这种触电方式如图 2-64 所示。**该触电方式对人体的伤害程度除了与人体和地面的接触电阻有关外，还与电气设备电源线和地之间的绝缘电阻有关。**若电气设备严重漏电或某相线与地短路，则加在人体上的电压将达到 380V，会导致严重的触电事故。

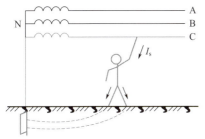

图 2-63 电源中性点接地的单相触电

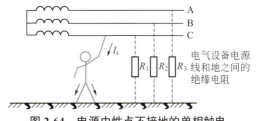

图 2-64 电源中性点不接地的单相触电

2. 两相触电

两相触电是指人体同时接触两根相线时发生的触电，两相触电方式如图 2-65 所示。由于作用于人体上的电压是 380V 的线电压，故流过人体的电流很大，在这种情况下，即使触电者穿着绝缘鞋或站在绝缘台上，也起不了保护作用，因此两相触电对人体是最危险的。

3. 跨步电压触电

当电线或电气设备与地发生漏电或短路时，有电流向大地泄漏扩散，在电流泄漏点周围会产生电压降，当人在该区域行走时，其两脚之间的电位差，就是跨步电压。由跨步电压引起的人体触电，称为跨步电压触电。跨步电压触电如图 2-66 所示。**只有两脚的前后距离小才能让两脚之间的电压小，才能减轻跨步电压触电的危害，所以当不小心进入跨步触电区域时，不要急于大步跑出来，而是迈小步或单足跳出。**

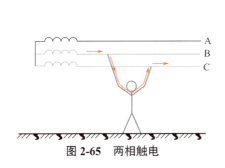

图 2-65 两相触电

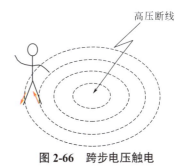

图 2-66 跨步电压触电

三、保护接地和接零

电气设备在使用过程中，可能会出现绝缘层损坏、老化或导线短路等现象，这会使电气设备的外壳带电，如果人不小心接触外壳，就会发生触电事故。解决这个问题的方法就是将电气设备的外壳接地或接零。

1. 保护接地

保护接地是将电气设备的金属外壳或金属支架直接与大地连接。电动机的保护接地如图 2-67 所示。为了防止电动机外壳带电而引起触电事故，对电动机进行保护接地，即用一根接地线将电动机的外壳与埋入地下的接地装置连接起来。当电动机出现漏电时，外壳带电，电动机外壳上的电会沿接地线、接地装置向大地泄放掉，在这种情况下，即使人体接触电动机外壳，由于人体电阻远大于接地线与接地装置的接地电阻，沿人体进入大地的电流很小，不会对人体造成伤害。

2. 保护接零

保护接零是指将电气设备的金属外壳或金属支架与零线连接。 电动机的保护接零如图 2-68 所示。电气设备进行保护接零,在电气设备出现短路或漏电时,会让电气设备呈现单相短路,可以让保护装备迅速动作而切断电源。另外,通过将零线接地,可以降低电气设备外壳的电压,从而避免人体接触外壳时造成触电伤害。

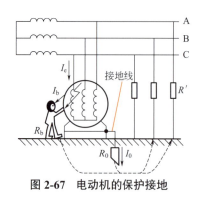

图 2-67 电动机的保护接地

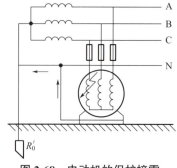

图 2-68 电动机的保护接零

3. 接地线的安装

接地线是指连接接地体和电气设备的导线。 接地线分为接地干线和接地支线,接地干线用来连接多个接地体或接地体和接地支线,接地支线用来连接电气设备和接地干线。

一般电气设备多采用三线插头,如图 2-69 所示。电气设备的外壳通过导线与三线电源插头的接地端连接,这种插头需要插入三线插座,三线插座可采用如图 2-70(a)所示的接线方式,这样电气设备的外壳通过三线插头接地线、三线插座接地线和接地支线与接地干线进行连接。如果室内没有安装专门的接地线,则也可以采用如图 2-70(b)所示的方法,将三线插座的接地端与已接地的零线连接或悬空不接。

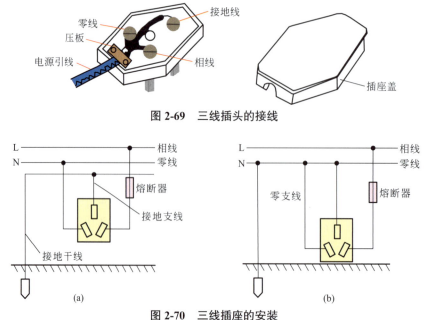

图 2-69 三线插头的接线

图 2-70 三线插座的安装

四、安全用电注意事项及触电救治方法

1. 安全用电注意事项

① 在任何情况下都不得用手来鉴定导体是否带电。

② 更换熔断器时应先切断电源,不得带电操作。

③ 拆开或断裂的暴露在外部的带电接头,必须及时用绝缘物包好并悬挂到人身不会碰到的高处,防止有人触及。

④ 工厂车间内一般只允许使用 36V 的照明灯;在特别潮湿的场所只允许使用 12V 以下的照明灯。

⑤ 遇有人触电时,应迅速切断电源;或尽快用干燥的绝缘体(如棍棒)打断电线或拔开触电者,切勿直接用手去拉触电者。当触电者脱离电源后,根据具体情况,耐心救治。

2. 触电现场的抢救

发现有人触电应正确进行现场诊断和抢救,当触电者呼吸停止、心脏不跳动时,如果没有其他致命的外伤,只能认为是假死,必须立即进行抢救,在请医生前来和送医院的过程中不间断抢救,以"口对口人工呼吸"和"人工胸外挤压"两种抢救方法为主。

第三章 电子元器件

第一节 电阻器

在电路中阻碍电流流过的元件叫作电阻器（简称电阻）。电阻是汽车电路中使用最多的基本元件之一，其质量的好坏对电路工作的稳定性有极大影响。它的主要用途是稳定和调节电路中的电流及电压，其次还作为分流器、分压器和负载使用。电阻图形符号如图 3-1 所示。电阻的种类很多，通常有固定电阻、可变电阻、热敏电阻、排阻等。

图 3-1 电阻图形符号

一、固定电阻

固定电阻是一种阻值固定不变的电阻。常见固定电阻的实物外形如图 3-2 所示。固定电阻具有降压、限流、分流和分压的作用。

(a) 碳膜电阻　(b) 金属膜电阻　(c) 水泥电阻　(d) 普通贴片式电阻　(e) 贴片式色环电阻

图 3-2 常见固定电阻的实物外形

1. 电阻的标识

为了表示阻值的大小，电阻在出厂时会在表面标注阻值。标注在电阻上的阻值称为电阻的标称值。电阻的实际阻值与标称值往往有一定的差距，这个差距称为误差。电阻的标称值的表示方法有直标法、文字符号法、数码表示法、色标法。

（1）**直标法** 就是直接用阿拉伯数字和单位符号标出，一般用于功率较大的电阻器。如图 3-3 所示，电阻体上标注 560ΩJ，表示电阻的阻值为 560Ω，允许误差为 ±5%。

图 3-3　电阻的直标法

（2）**文字符号法** 就是将电阻的标称值和误差用数字及文字符号按一定的规律组合标识在电阻体上。符号前的数字为整数，符号后的数字为小数，常见符号有 M、K、R。

如电阻器上印有"1k2"字样，表示电阻值为 1.2kΩ；5M0 表示阻值为 5.0MΩ（图 3-4）。

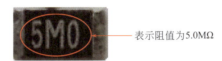

图 3-4　电阻的文字符号法

（3）**数码表示法** 是在电阻体的表面用 3～4 位整数或两位数字加 R 来表示标称值的方法。该方法常用于贴片电阻，如图 3-5 所示。

① 三位数字标注法。前两位是有效数字，第三位表示 0 的个数。例如，标注为 222 的电阻，其阻值为 $22×10^2=2.2kΩ$。

② 四位数字标注法。前三位是有效数字，第四位表示 0 的个数。例如，标注为 4700 的电阻，其阻值为 $470×10^0=470Ω$。

③ 两位数字加 R 标注法。若阻值小于 10Ω，则用"R"表示，且 R 代表小数点。如标注为 1R2 的电阻，其阻值为 1.2Ω；标注为 R100 即阻值为 0.1Ω。

图 3-5　电阻的数码表示法

（4）**色标法** 是目前国际上普遍流行的电阻值标示方法。它是将不同颜色的色环涂在电阻上来表示电阻的标称值及允许误差，色环电阻中最常见的是四环电阻和五环电阻。各种颜色所对应的数值如图 3-6 所示。

① 色环电阻识读技巧。识读色环电阻的关键点是找准电阻的首环（以图 3-7 做说明）。
　a. 离端部近的为首环。
　b. 端头任一环与其他较远的一环为最后一环即误差环。
　c. 金色环、银色环在端头的为最后一环（误差环）。

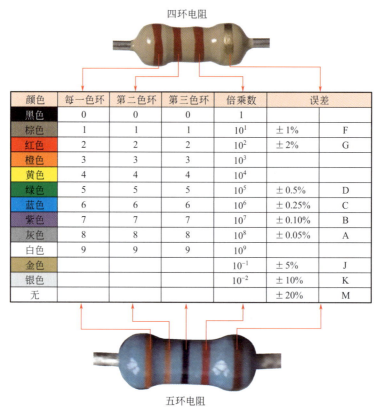

图 3-6 色环电阻标志读数及识别规则

d. 黑色环在端头为倒数第二环,并且末环为无色环。

e. 紫色、灰色、白色环一般不会是倍乘数,即不大可能为倒数第二环。

② 色环电阻识读示例。图 3-6 中四环电阻的颜色为红红红金,表示电阻的大小为 $22×10^2=2.2kΩ$,误差为 ±5%;五色环电阻颜色为橙橙黑红棕,表示电阻的大小为 $330×10^2=33kΩ$,误差为 ±1%。

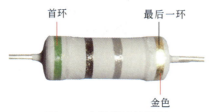

图 3-7 电阻首环的识别

2. 常见故障及检测

(1)量程的选择

为提高测量精度,应根据被测电阻标称值的大小来选择量程。一般数字式万用表有 6 个电阻挡位:200Ω、2kΩ、20kΩ、200kΩ、2MΩ 和 20MΩ。R_x 为被测电阻,选取挡位的原则为 $R_x<200Ω$ 的选择 200Ω 挡位,$200Ω<R_x<2kΩ$ 的选择 2kΩ 挡位,依此类推。若所选量程小于被测量电阻的阻值,则仪表会显示 "OL" 或 "1",此时应改用更大的量程进行测量。

（2）检测方法　将黑表笔插入"COM"插座，红表笔插入"V/Ω"插座。测量前先将表笔短路，万用表读数为零，才能保证测量的精度。实际检修时，如怀疑某电阻失效，则不能直接在电路板上测量电阻值，因被测电阻两端存在其他电路的等效电阻，正确的方法是先将电阻拆下（或焊开一个头），选择合适的量程，再将两表笔跨接在被测电阻的两个引脚上（图3-8），万用表的显示屏即可显示出被测电阻的阻值。

若万用表测量出来的阻值与电阻器的标称值相同，说明该电阻器正常（若测量出来的阻值与电阻器的标称值有偏差，但在误差允许范围内，电阻器也算正常）。

若测量出来的阻值为无穷大，说明电阻器开路。

若测量出来的阻值为0，说明电阻器短路。

若测量出来的阻值大于或小于电阻器的标称值，并超出误差允许范围，说明电阻器变值。

图3-8　用万用表检测电阻

> **提示**
> 一般情况下电阻的失效主要为阻值变大或内部开路、虚焊、脱焊等。

二、可变电阻

可变电阻是一种阻值可以通过调节而变化的电阻器，又称电位器。常见电位器的实物外形如图3-9所示。电位器与固定电阻一样都具有降压、限流、分流的功能，不过由于电位器具有阻值可调性，所以它可随时调节阻值来改变降压、限流和分流的程度。

图3-9　常见电位器的实物外形

1. 可变电阻的结构与原理

可变电阻通常由电阻体与转动或滑动系统组成，即靠一个动触点在电阻体上移动，获得部分电压输出。可变电阻的结构如图3-10所示，它有三个引出端，其中定片1、定片2两端间电阻值为最大，定片1、动片两端间或定片2、动片两端间的电阻值可以通过活动触头所在位置加以调节。活动触头与旋转轴相连，即与动片相连，在弹簧压力的作用下与电阻片保持接触。

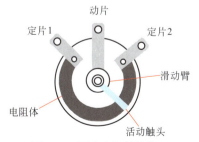

图3-10　可变电阻的结构

可变电阻用作分压器时，是一个三端元件，如图3-11（a）所示；可变电阻用作变阻器时，应把它接成两端元件，即动片要与某一定片用导线直接相连。这里假设动片与定片2相连，图3-11（b）所示。另外，可变电阻器也可以用动片与定片1相连，两个定片引脚之间可以互换使用。

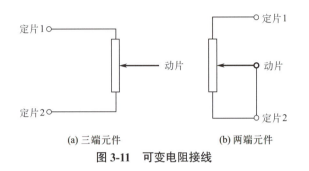

图 3-11 可变电阻接线

可变电阻一般用在电路中需要经常改变电阻阻值的地方，在汽车电路中，它主要用作位置传感器，如发动机电控系统的节气门位置传感器、加速踏板位置传感器、空调风门伺服电动机电位计等。这些传感器可以精确计量某些位置的微小变化，将位置信号转换成电压信号输出。

2. 可变电阻的标识

可变电阻外壳上标注的阻值是标称值，是可变电阻两固定引脚之间的阻值，一般称为可变电阻的最大阻值，通常采用直标法或数码表示法，如图3-12所示。

图 3-12 可变电阻的标称值

3. 可变电阻的检测

（1）测标称值　用万用表测量可变电阻时，应先根据被测可变电阻标称值的大小，选择好万用表的合适挡位再进行测量。测量时，将万用表的红、黑表笔分别接在定片引脚上，万用表读数应为可变电阻的标称值，如图3-13（a）所示。如万用表读数与标称值相差很多，则表明该可变电阻已损坏。

（2）测可变值　当可变电阻的标称阻值正常时，再测量其变化阻值及活动触点与电阻体接触是否良好。此时用万用表的一个表笔接在动片引脚（通常为中间引脚），另一表笔接在定片引脚（两边引脚）。

接好表笔后，万用表应显示为零或为标称值，再将万用表的转轴从一个极端位置旋转至另一个极端位置，阻值应从零（或标称值）连续变化到标称值（或零），如图3-13（b）

所示。在可变电阻的轴柄转动或滑动过程中，若万用表的指针平稳移动或显示的示数均匀变化，则说明被测可变电阻良好；旋转轴柄时，万用表阻值读数有跳动现象，则说明被测可变电阻活动触点有接触不良的故障。

(a) 测可变电阻标称值　　　　　　(b) 测可变电阻可变值

图 3-13　用万用表检测可变电阻

三、敏感电阻

敏感电阻是指器件特性对温度、电压、湿度、光照、气体、磁场、压力等作用敏感的电阻器。敏感电阻种类很多，常见的有热敏电阻、光敏电阻、压敏电阻、力敏电阻等，如图 3-14 所示。

(a) 热敏电阻　　　　　(b) 光敏电阻　　　　　(c) 压敏电阻

图 3-14　敏感电阻实物

1. 热敏电阻

（1）了解热敏电阻　热敏电阻是一种对温度敏感的电阻器，当温度变化时其阻值也会随之变化。热敏电阻按照温度系数的不同分为正温度系数热敏电阻（PTC）和负温度系数热敏电阻（NTC）。正温度系数热敏电阻的阻值随温度升高而增大；负温度系数热敏电阻的阻值随温度升高而减小。

（2）热敏电阻的检测　测量时需分两步进行（图 3-15），第一步测量常温电阻值；第二步测量温变时（升温或降温）的电阻值，其具体测量方法与步骤如下。

① 将万用表置于合适的欧姆挡（根据标称电阻值确定挡位），用两表笔分别接触热敏电阻的两引脚测出实际阻值，并与标称阻值相比较。若实际阻值与标称阻值一致或接近，说明热敏电阻正常；若实际阻值为 0，说明热敏电阻短路；若实际阻值为无穷大，说明热敏电路开路；若实际阻值与标称值偏差过大，说明热敏电阻性能变差或已损坏。

② 在常温测试正常的基础上，改变温度后测量热敏电阻的阻值。给热敏电阻加热，然后用两表笔分别接触热敏电阻的两引脚测出实际阻值，并与标称阻值相比较。若实际阻值有变化，说明热敏电阻正常；若实际阻值随温度的增加而变大，说明热敏电阻为PTC；若实际阻值随温度的增加而变小，说明热敏电阻为NTC；若实际阻值随温度的增加不变化，说明热敏电阻已损坏。

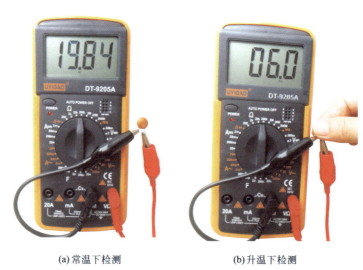

(a) 常温下检测　　　　　　　　(b) 升温下检测

图 3-15　热敏电阻的检测

2. 光敏电阻

光敏电阻是一种对光反应敏感的电阻器，当照射的光线强弱变化时，阻值也会随之变化，通常是光线越强阻值越小。

光敏电阻的检测方法如下。

检测光敏电阻时，需分两步进行，第一步测量有光照时的电阻值，第二步测量无光照时的电阻值。两者相比有较大差别，通常光敏电阻有光照时电阻值为几千欧（此值越小说明光敏电阻性能越好）；无光照时的电阻值大于1500kΩ，甚至无穷大（此值越大说明光敏电阻性能越好），光敏电阻的检测如图3-16所示。

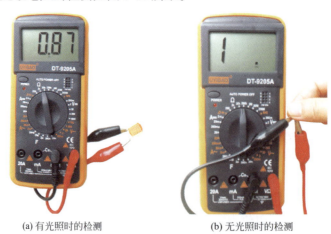

(a) 有光照时的检测　　　　　　　　(b) 无光照时的检测

图 3-16　光敏电阻的检测

3. 压敏电阻

压敏电阻是一种对电压变化很敏感的特殊电阻器。 当电阻器上的电压在标称电压内时，电阻器上的阻值呈无穷大状态；当电压超过标称电压时，其阻值很快下降，使电阻器处于导通状态；当电压减小到标称电压以下时，其阻值又开始增加。

压敏电阻的检测方法如下。 检测压敏电阻时，将万用表设置在最大欧姆挡位。常温下测量压敏电阻两引脚间阻值，应为无穷大，若阻值为零或阻值很小，说明已被击穿损坏，压敏电阻的检测如图3-17所示。

(a) 压敏电阻已损坏　　　　　　(b) 压敏电阻正常

图3-17　压敏电阻的检测

4. 力敏电阻

力敏电阻是一种阻值对压力敏感的电阻器，当施加给它的压力变化时，其阻值也会随之变化。

力敏电阻的检测方法如下。

检测力敏电阻时，将指针式万用表置于$R\times 10\Omega$挡，数字式万用表置于200Ω挡，两表笔分别接触力敏电阻的两引脚。对力敏电阻未施加压力时，万用表显示阻值应与标称阻值一致或接近，否则说明力敏电阻已损坏。对力敏电阻施加压力，万用表显示阻值将随外加压力大小变化而变化。若万用表显示阻值无变化，则说明力敏电阻已损坏。

四、排阻

1. 认识排阻

排阻又称网络电阻，是一种将多个电阻按一定规律排列集中封装在一起组合而制成的一种复合电阻。排阻根据其内部结构的不同，又分为A型、B型、C型、D型、E型、F型、G型、H型、I型等多种。排组型号中第一个字母代表内部电路结构，排阻虽然种类很多，但最常见的是A型与B型。

（1）**A型排阻**　所有电阻共用公共端，公共端从左端（第1引脚）引出，公共端用白色的点表示。常见的A型排阻有4个、7个、8个电阻，所以引脚共有5个或8个或9个，如图 3-18 所示。

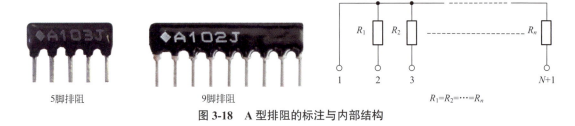

图 3-18　A 型排阻的标注与内部结构

（2）**B 型排阻**　它没有公共端，每个电阻有各自独立的引脚，相互间无连接。B 型排阻的引脚总是偶数的，常见的排阻有 4 个电阻，所以引脚共有 8 个，如图 3-19 所示。

图 3-19　B 型排阻的标注与内部结构

2. 排阻的标识

排阻的阻值与固定电阻的数码表示法一样，第一位和第二位表示有效数字，第三位表示零的个数。比如，标注为"A103J"的排阻，其阻值为 $10\times10^3=10\mathrm{k}\Omega$；标注为"102"的排阻，其阻值为 $10\times10^2=1\mathrm{k}\Omega$；标注为"473"的排阻，其阻值为 $47\times10^3=47\mathrm{k}\Omega$。

3. 排阻的检测

图 3-20　A 型排阻的检测

（1）**如何判断第 1 引脚**　在检测排阻前，要先找到排阻的第 1 引脚。第 1 引脚旁一般有标记（如白色小点），也可以正对排阻字符，字符左下方第一个引脚即为第 1 引脚。

（2）**如何检测排阻**　根据排阻的标称阻值大小选择合适的万用表欧姆挡位，如图 3-20 所示为 A 型排阻的检测，将黑表笔接排阻的第 1 引脚不动，红表笔依次接第 2、第 3……第 9 引脚。如果排阻正常，第 1 引脚与其他各引脚的阻值均是标称值；如果第 1 引脚与某引脚的阻值为无穷大，则说明该引脚与第 1 引脚之间的内部电阻开路。

通过万用表测量也会发现：**A 型排阻除公共脚外其他任意两脚之间的阻值都是标称值的 2 倍**。

第二节　电容器

电容器（简称电容）是组成电子电路的主要元件。**相距很近且中间有绝缘介质（如空气、纸和陶瓷等）的两块导电极板就构成了电容器**，它在电路中有充电、放电、隔直通交（隔断直流电、通交流电）等作用。

一、电容的符号与单位

电容在电路中常用字母"C"表示，其图形符号如图 3-21 所示。

(a) 普通电容　　(b) 电解电容　　(c) 可变电容　　(d) 微调电容

图 3-21　电容的图形符号

电容的单位有 F（法拉）、μF（微法）、nF（纳法）、pF（皮法）。
它们的换算公式为 $1F=10^6 \mu F=10^9 nF=10^{12} pF$。

二、电容的参数

电容的参数很多，在实际使用时，一般主要考虑工作电压、电容量和允许误差。
（1）工作电压　也称耐压，是指电容在连续使用中所能承受的最高电压。
（2）电容量　电容储存电荷的能力叫作电容量，简称容量。
（3）允许误差　实际电容量对于标称电容量的最大允许偏差范围。

三、电容的分类

电容的种类很多，按结构分有固定电容、可变电容；按安装方式分有直插电容和贴片电容；按极性分有无极性电容和有极性电容（图 3-22）。无极性电容的容量小，但耐压高；有极性电容也叫电解电容，其容量大，但耐压较低。对于有极性的电容，其正负极通常有明显的标志，更换该类型元件时，应注意极性，如极性错误会导致元件损坏。

(a) 无极性电容

(b) 有极性电容

图 3-22　各种电容的实物图

四、电容的标识

电容的识别方法与电阻的识别方法基本相同，有直标法、文字符号法、数码表示法、色标法。

（1）**直标法**　直标法是将电容的标称容量、耐压及允许误差直接标在电容体上，如图 3-23 所示。

图 3-23　电容的直标法

（2）**文字符号法**　该标记方法由数字和字母两部分组成，其中字母可当成小数点，而数字和字母两者共同决定该电容的容量。例如，标注为 6n8 的电容，容量为 6.8nF（图 3-24）；标注为 P33 的电容，容量为 0.33pF；标注为 2μ2 的电容，容量为 2.2μF。

（3）**数码表示法**　数码表示法一般用三位数字来表示容量的大小，前两个是有效数字，第三个是倍数（第三个数中 0～8 分别表示 10^0～10^8，9 表示 10^{-1}），单位为 pF。例如，224 表示 $22×10^4$=220000pF=0.22μF；104 表示 $10×10^4$=0.1μF，如图 3-25 所示。

图 3-24　电容的文字符号法　　　　图 3-25　电容的数码表示法

　**提示**

如果电容上面标注为 229，表示 $22×10^{-1}$=2.2pF。

（4）**色标法**　电容的色标法与电阻器的色标法规定相同，其基本单位为 pF，一般有三条色环，前两环为有效数字，第三环为倍率。

五、电容的检测

电容的质量好坏主要表现在电容量和漏电电阻。电容量可用带有电容测量功能的数字式万用表、电容表进行测量，下面介绍用万用表对电容的简易检测方法。

1. 指针式万用表检测电容

（1）**0.1μF 以上固定电容的检测**　将万用表的电阻挡调到 $R×1k$ 或 $R×10k$ 挡（对于容

量小的电容选 $R\times 10k$ 挡），用表笔接触电容器的两端，表针先向 0Ω 方向摆动，当达到一个很小的电阻读数后便开始反向摆动，最后慢慢停留在接近无穷大的位置；调换表笔后再次测量，指针也应该先向 0Ω 方向摆动后返回到接近无穷大的位置，说明该电容正常。电容容量越大，表针偏转的角度应当越大，指针返回的速度也应当越慢。

① 如果指针不摆动，则说明电容内部已开路。

② 如果指针摆向 0Ω 或靠近 0Ω 的数值，并且不向无穷大的方向回摆，则表明电容内部已击穿。

③ 如果指针指向 0Ω 后能慢慢返回，但不能回摆到接近无穷大的读数，则表明电容存在较大的漏电，且回摆指示的电阻越小，表示漏电就越大。

（2）0.01μF 以下固定电容的检测　对于 0.01μF 以下的电容，用万用表只能判断是否发生短路。测量时选用万用表 $R\times 10k$ 挡，将两表笔分别任意接电容的两个引脚，如果测出阻值为零，可以判定该电容发生短路。

由于 0.01μF 以下的电容容量太小，所以表针还没来得及反应，充放电过程就已经结束了，由于表针不摆动，无法判断电容是否断路，所以在维修时，如果怀疑某电容有问题，最好的办法是用一个新电容进行替换，若故障现象消失，则可确定原电容有故障。

（3）电解电容器的检测　因为电解电容的容量较一般固定电容大得多，所以，测量时，应针对不同容量选用合适的量程。根据经验，一般 1～47μF 间的电容，可用 $R\times 1k$ 挡测量；大于 47μF 的电容可用 $R\times 100$ 挡测量；由于电解电容本身就存在漏电，所以表针不能完全指向无穷大，而是接近无穷大的读数，这是正常的。而电解电容都是有极性的电容，所以用万用表测量耐压低的电解电容时，应当将黑表笔连接到电容的正极，红表笔连接到电容的负极，以防止电容被反向击穿（黑表笔连接万用表内部电池的正极，红表笔连接内部电池的正极），如图 3-26 所示。再次测量之前，应先将电容充分放电（即将电解电容的两个引脚短路，如图 3-27 所示），否则将看不到电容的充放电现象，从而导致测量结果不正确。正常的电容应当有充放电现象，最终表针指向电阻值大多在数百千欧以上。如果没有充放电现象，或终值电阻很小，或表针的偏转角度很小，则都表明电容已不能正常工作。用此法检查电解电容时，表针的偏转角度随着电容容量的不同而有差异，电容的容量越大，表针偏转的角度也越大；容量越小，表针偏转的角度也越小。

图 3-26　用指针式万用表检测电解电容

图 3-27　电解电容放电

（4）电解电容器的极性检测　电解电容有正、负极性之分，在电路中不能乱接，所以在使用电解电容前，需要判别出正、负极，不允许接错，**当极性接反时，可能因电解液的反向极化引起电解电容器的爆裂**。有极性电容正、负极的判别方法如下。

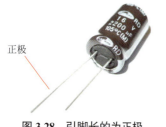

图 3-28　引脚长的为正极

① 对于未使用过的新电容，可以根据引脚长短来判别。引脚长的为正极，引脚短的为负极，如图 3-28 所示。

② 根据电容器上标注的极性判别。电容器上标"+"为正极，标"-"为负极，某些电容也有特殊的极性标志，如图 3-22 所示。

③ 当极性标记无法辨认时，可用万用表判别，如图 3-29 所示。用万用表 $R \times 1k$ 挡，测量电容两极之间的阻值，正、反各测一次，每次测量时表针都会先向右摆动，然后慢慢往左返回，待表针稳定不动后再观察阻值大小，两次测量会出现阻值一大一小，以阻值大的那次为准，如图 3-29（b）所示，黑表笔接的为正极，红表笔接的为负极。

(a) 阻值小　　　　　　　　　　(b) 阻值大

图 3-29　用万用表检测电容的极性

2. 数字式万用表检测电容

将数字式万用表拨至合适的电阻挡，红表笔和黑表笔分别接触被测电容的两极，这时显示值将从"000"开始逐渐增加，直至显示溢出符号"1"。若始终显示"000"，说明电容内部短路；若始终显示溢出，则可能是电容内部极间开路，也可能是所选择的电阻挡不合适。检查电解电容器时需要注意，红表笔（带正电）接电容器正极，黑表笔接电容器负极。

有的数字式万用表具有测量电容容量的功能，可将数字式万用表置于电容挡，根据电容量的大小选适当挡位，待测电容充分放电后，将待测电容直接插到测试孔内（或两表笔分别直接接触进行测量），数字式万用表的显示屏上将直接显示出待测电容的容量，如图 3-30 所示。

图 3-30　用数字式万用表检测电容

第三节　电感器

电感器（简称电感）是一种能够存储磁场能的电子元件，又称电感线圈。将绝缘导线一圈一圈地绕在绝缘管上就得到了一个电感线圈。电感器也是电子电路中重要的元件之一，它具有通直流、阻交流、通低频、阻高频的特性，主要用于调谐、振荡、耦合、扼流、滤波、陷波、偏转等电路。

电感在电路中用"L"来表示，符号为"⌇"。

电感的单位有 H（亨）、mH（毫亨）、μH（微亨）和纳亨（nH）。

它们的换算公式为 $1H=10^3 mH=10^6 \mu H=10^9 nH$。

一、电感的分类

电感的种类很多，按其电感值是否可调，可分为固定电感线圈和可变电感线圈；按安装方式来分，可分为贴片式电感、插件式电感；按结构来分，可分为空心线圈、磁芯线圈和铁芯线圈等；按功能来分，可分为振荡线圈、扼流圈、耦合线圈、校正线圈和偏转线圈等。各种电感实物如图 3-31 所示。

(a) 色环电感　　(b) 空心线圈　　(c) 绕线电感　　(d) 扼流线圈　　　　(e) 贴片式电感

图 3-31　各种电感实物

二、电感的标识

电感的标识方法也有四种，即直标法、文字符号法、数码表示法、色标法。

> **提示**
> 贴片式电感外观上与贴片式电容比较相似，区分的方法是贴片式电容有多种颜色，如褐色、灰色、紫色等，而贴片式电感只有黑色一种。

1. 直标法

直标法是将电感的标称电感量用数字和文字符号直接标在电感体上，如图 3-32 所示。

图 3-32　电感的直标法

2. 文字符号法

文字符号法是将电感的标称值及偏差值用数字和文字符号按一定的规律组合标示在电

感体上，如图3-33所示。采用文字符号法表示的电感通常是一些小功率电感，单位通常为nH或μH。用μH做单位时，"R"表示小数点；用"nH"做单位时，"N"表示小数点。

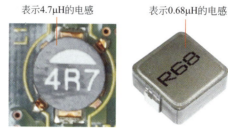

图3-33 电感的文字符号法

3. 数码表示法

数码表示法是用三位数字来表示电感量的方法，常用于贴片电感上。三位数字中，前两位为有效数字，第三位数字表示有效数字后面所加"0"的个数。

> **注意**
>
> 用这种方法读出的电感量，默认单位为微亨（μH）。例如，标示为"101"的电感为$10×10^1=100μH$，标示为"120"的电感为$12×10^0=12μH$，如图3-34所示。

图3-34 电感的数码表示法

4. 色标法

色标法是在电感表面涂上不同的色环来代表电感量（与电阻类似），通常用三个或四个色环表示。识别色环时，紧靠电感体一端的色环为第一环，露出电感体本色较多的另一端为末环。其第一色环为十位数，第二色环为个位数，第三色环为应乘的倍数。

例如，如图3-35所示，色环颜色分别为棕、红、银，表示$12×10^{-2}=0.12μH$的电感；色环颜色分别为黄、紫、棕、银，表示$47×10^1=470μH$、误差为±10%的电感。

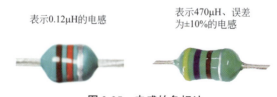

图3-35 电感的色标法

> **注意**
> ① 用这种方法读出的色环电感量，默认单位为微亨（μH）。
> ② 色环电感与色环电阻的外形相近，使用时要注意区分，通常色环电感外形短粗，而色环电阻外形细长。

三、电感的检测

检测电感时应先从外观进行检查，看是否有破裂、烧焦等，线圈是否松动，引脚有无折断，若有上述现象，则表明电感已损坏。

然后用万用表定性判断电感的好坏。将万用表打到欧姆挡，测线圈的直流电阻，电感的直流电阻值一般很小，大多数不会超过1Ω（图3-36）。用万用表 $R\times 1\Omega$ 挡检测线圈的直流电阻，若阻值无穷大，说明线圈已经开路损坏；若阻值为零，说明线圈完全短路。大多数电感发生的故障均是开路，而电感线圈内部发生短路的情况极少见，所以在实际检修中主要测量它们是否开路即可，或者用一个新电感进行替换来判断。

有的数字式万用表具有电感挡，采用这种万用表来检测电感则很方便。根据电感量大小，挡位开关置于电感相应的挡位，即可测出电感量，如图3-37所示。

图3-36 电感的检测

图3-37 用数字式万用表测量电感

第四节 二极管

一、半导体材料与二极管

导电性能介于导体与绝缘体之间的材料称为半导体，常见的半导体材料有硅和锗。利用半导体材料可以制作各种半导体元器件，如二极管、三极管、场效应管和晶闸管等。

半导体材料按导电类型不同，分成P型半导体和N型半导体两类。当把P型半导体和

N 型半导体结合在一起时，两种半导体之间就会形成一个交界层，称为 PN 结。**从含有 PN 结的 P 型半导体和 N 型半导体两端各引出一个电极并封装起来就构成了二极管。**与 P 型半导体连接的电极称为阳极或正极，与 N 型半导体连接的电极称为阴极或负极。二极管结构及电路符号如图 3-38 所示。

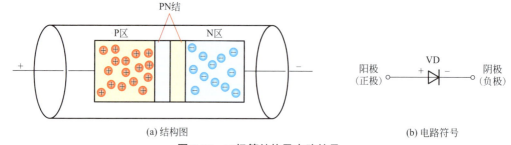

图 3-38　二极管结构及电路符号

二、二极管的种类

二极管按制造材料可分为硅二极管（Si 管）、锗二极管（Ge 管）；按用途不同可分为整流二极管、稳压二极管、开关二极管、发光二极管、检波二极管、光电二极管、隔离二极管、肖特基二极管等；按结构不同可分为点接触型、面接触型和平面型二极管。各种类型的二极管如图 3-39 所示。

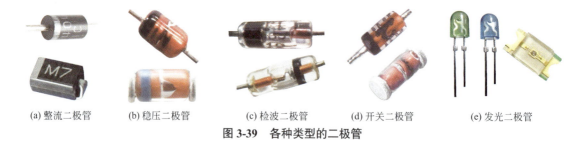

图 3-39　各种类型的二极管

三、二极管的特性

1. 特性说明

先做一个实验，我们把电池、小灯泡、二极管串联起来，连成如图 3-40 所示的电路。在图 3-40（a）中，电池正极接在二极管正极上，电池负极通过小灯泡接在二极管的负极上。闭合开关，这时二极管加的是正向电压，小灯泡发光。在图 3-40（b）中，将二极管正、负极引线倒换过来，闭合开关，二极管加的是反向电压，小灯泡就不能发光。由此可以得出这样的结论：**二极管加上正向电压时电阻很小，能良好导通，加上反向电压时电阻很大，接近开路截止**，二极管这种单方向导通的性质称为**二极管的单向导电性**。这个特性也可以理解为：在电路中，二极管只准电流从其正极流向负极，不准反向流通。这很像自行车的气门芯只允许气流从气筒流向车胎一样，因此具有单向导电特性，只往一个方向传送电流。

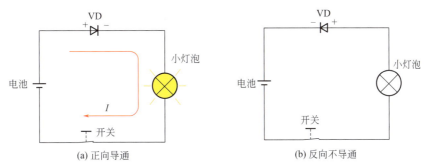

图 3-40　二极管的单向导电性

2. 伏安特性曲线

伏安特性曲线又称电压 - 电流特性曲线，它用来说明元器件两端电压与通过电流的变化规律，反映元器件的性质。

二极管的伏安特性曲线用来说明加到二极管两端的电压 U 与通过电流 I 之间的关系。二极管的伏安特性曲线如图 3-41 所示，第一象限内的曲线表示二极管的正向特性，第三象限的曲线表示二极管的反向特性。

（1）正向特性　从图 3-41 上可以看出，当在二极管上加上的正向电压小于某一数值 U_A 时，正向电流很小，几乎为零，二极管呈现出较大的电阻，这段区域称为"死区"；当正向电压超过 U_A 时，正向电流急剧增大，二极管处于导通状态。U_A 叫作正向导通电压或门槛电压。硅管 U_A 为 0.5～0.7V，锗管 U_A 为 0.2～0.3V。由此可见，**二极管的正向特性是：当二极管加正向电压时，不一定能导通，只有正向电压达到门槛电压时，二极管才能导通。**

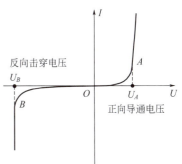

图 3-41　二极管的伏安特性曲线

（2）反向特性　给二极管加上反向电压，在电压不高时，没有电流流过二极管，二极管不能导通，当反向电压增加到某个数值 U_B 时，流过二极管的反向电流将急剧增大，这种现象叫反向击穿，U_B 称为反向击穿电压。普通二极管反向击穿后通常会被损坏，不能再使用。由此可见，**二极管的反向特性是：当二极管加较低的反向电压时不能导通，但反向电压达到反向击穿电压时，二极管会反向击穿导通。**

四、二极管的识别

二极管的外壳上只标注型号和极性，不会像电阻、电容、电感那样标注出它的主要参数，根据二极管的外壳标志，可以区分出两管脚的正、负极性来。国产的二极管通常将电路符号印在管壳上，直接标示出引脚极性，三角形对应着正极，另一端为负极，如图 3-42（a）所示。有的二极管通常在负极一端印上一道色环作为负极标记，如图 3-42（b）所示。发光二极管（未剪引脚的新发光二极管）的正负极可从引脚长短来识别，长脚为正极，短脚为负极，如图 3-42（c）所示。另外发光二极管多采用透明树脂封装，管心下部有一个浅盘，观察里面金属片的大小，通常金属片大一端引脚为负极，金属片小的一端为正极。

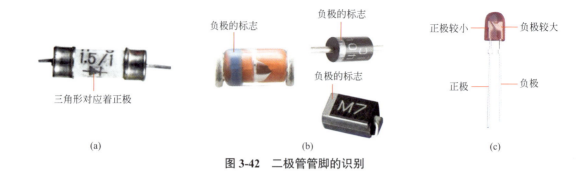

图 3-42 二极管管脚的识别

五、二极管的检测

普通二极管（包括检波二极管、整流二极管、开关二极管、瞬态抑制二极管）利用它的单向导电特性，可使用万用表进行检测。

1. 用指针式万用表检测

把万用表置于"$R\times 100\Omega$"或"$R\times 1k\Omega$"挡处，将红、黑两表笔接触二极管两端，测出阻值；将红、黑两表笔对换再测出一个阻值，如图 3-43 所示。若两次测得的阻值相差很大，说明该二极管单向导电性好，并且阻值大（几百千欧以上）的那次红笔所接的为二极管正极；若两次测得的阻值相差很小，说明该二极管已失去单向导电性；若两次测得的阻值均很大，说明该二极管已经开路。

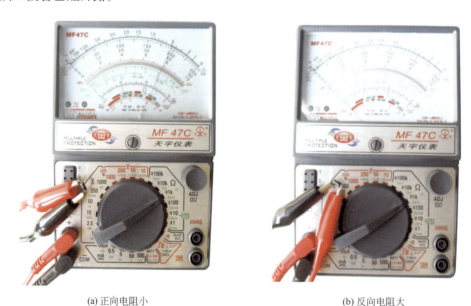

图 3-43 用指针式万用表检测二极管

2. 用数字式万用表检测

通常数字式万用表设有专门测量二极管的挡位，可检测二极管的好坏，如图 3-44 所示，其具体方法如下。

(a) 正向　　　　　　　　(b) 反向

图 3-44　普通二极管的测量

首先，将万用表的挡位选择开关旋至测量二极管的"•))　→►—"挡位置，把红表笔插头插入"V/Ω"插孔，黑表笔插头插入"COM"插孔。将两表笔分别接触二极管的两个电极，如果显示溢出符号"1"或"OL"，说明二极管处于反向截止状态，此时黑笔接的是二极管正极，红笔接的是二极管负极；反之，如果显示一定的电压值（正常硅管为 0.5～0.7V，锗管为 0.15～0.3V），则二极管处于正向导通状态，此时红笔接的是二极管正极，黑笔接的是二极管负极。

如果两次测量值都显示"1"或"OL"，说明二极管开路损坏。

如果两次测量值都很小或接近 0，说明二极管击穿短路或漏电损坏。

六、二极管在汽车上的运用

1. 整流二极管

整流二极管是利用二极管的单向导通特性，将交流电转变为直流电的半导体器件。整流电路有半波整流、全波整流、桥式整流。

汽车发电机上的整流器就是使用整流二极管组成的桥式整流电路，将发电机产生的交流电转换成可供汽车电器使用的直流电，如图 3-45 所示。

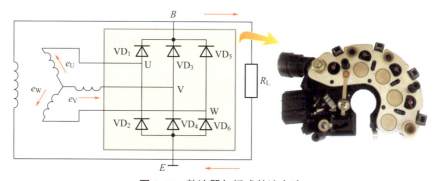

图 3-45　整流器与桥式整流电路

2. 稳压二极管

稳压二极管是一种特殊的面接触型半导体硅二极管，它在电路中与适当电阻配合后能起到稳定电压的作用，故称为稳压管（也称齐纳二极管）。稳压二极管反向电压在一定范围内变化时，反向电流很小，当反向电压增高到击穿电压时，反向电流突然猛增，稳压二极管从而反向击穿，此后，电流虽然在很大范围内变化，但稳压二极管两端电压的变化却相当小，利用这一特性，稳压管就在电路中起到稳压的作用。**需注意的是，稳压二极管是加反向偏压的**。稳压二极管的电路符号如图 3-46 所示。

（1）稳压二极管在汽车电路上的应用　在汽车电路中由于各个电器总成或元件的工作电流比较大，使汽车电源系统的电压会出现波动，因此，在一些需要精确电压值的地方经常利用稳压管来获取所需电压。如图 3-47 所示是利用稳压管为汽车仪表提供稳定电源的电路，图中的稳压管与电阻串联而与仪表并联。当电源电压发生变化时，也只是引起不同大小的电流流过电阻和稳压管，改变电阻上的电压，而稳压管始终维持一定的电压，从而起到稳压的作用。

图 3-46　稳压二极管的电路符号

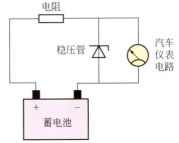

图 3-47　利用稳压管为汽车仪表提供稳定电源的电路

（2）稳压二极管的检测　稳压二极管的极性和性能好坏的测量与普通二极管的测量方法相似，不同之处在于：当使用指针式万用表的 $R\times1k\Omega$ 挡测量二极管时，测得其反向电阻是很大的，此时，将万用表转换到 $R\times10k\Omega$ 挡，如果出现万用表指针向右偏转较大角度，即反向电阻值减小很多，则该二极管为稳压二极管；如果反向电阻基本不变，说明该二极管是普通二极管，而不是稳压二极管。

稳压二极管的测量原理是：万用表 $R\times1k$ 挡的内电池电压较小，通常不会使普通二极管和稳压二极管击穿，所以测出的反向电阻都很大；当万用表转换到 $R\times10k\Omega$ 挡时，万用表内电池电压变得很大，使稳压二极管出现反向击穿现象，所以其反向电阻下降很多，由于普通二极管的反向击穿电压比稳压二极管高得多，因而普通二极管不击穿，其反向电阻仍然很大。

3. 发光二极管

发光二极管（LED）与普通二极管一样由一个 PN 结组成，**也具有单向导电性**。另外，发光二极管还可以将电能转化为光能。给发光二极管外加正向电压时，它处于导通状态，当正向电流流过管芯时，发光二极管就会发光，将电能转化成光能。常见发光二极管的发光颜色有红色、黄色、绿色、蓝色等。发光二极管的电路符号、内部结构及实物如图 3-48 所示。

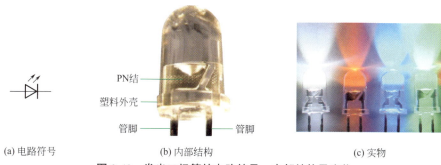

(a) 电路符号　　　　(b) 内部结构　　　　(c) 实物

图 3-48　发光二极管的电路符号、内部结构及实物

（1）发光二极管在汽车电路上的应用　在汽车电路中发光二极管随处可见，主要应用在仪表板上作为指示信号灯或报警信号灯。比如发动机机油更换提示灯、发动机故障报警灯、示宽指示灯、驻车制动器指示灯、充电系统报警灯等。这时相应的发光二极管会被接通发光，发出报警指示，如图 3-49 所示。

图 3-49　仪表上的部分报警信号灯

LED 还用于一些开关的指示信号灯，如自动变速器挡位指示灯、前照灯光束高度调整开关指示灯。

目前 LED 已经广泛地应用在汽车灯光系统上，如车外的日间行车灯、尾灯、转向灯、高位刹车灯、车内照明灯等，如图 3-50 所示。

(a) LED日间行车灯　　(b) LED转向灯　　(c) LED尾灯　　(d) LED高位制动灯

图 3-50　汽车 LED 车外灯

（2）发光二极管好坏的判断

① 用指针式万用表 $R \times 10k\Omega$ 挡测量发光二极管的正、反向电阻值（图 3-51）。正常时，正向电阻值（黑表笔接正极时）应小于 $30k\Omega$，反向电阻应大于 $1M\Omega$。较高灵敏度的发光二极管，在测量正向电阻值时，管内会发微光。若正、反向电阻值均为零，说明内部击穿短路；若正、反向电阻值均为无穷大，说明内部开路。

② 用数字式万用表二极管挡测量它的正向导通电压。不同颜色的发光二极管，其导通

电压一般不同，正常值为 1.5～3.2V，且管内会有微光。红色发光二极管约为 1.6V，黄色发光二极管约为 1.7V，绿色发光二极管约为 1.8V，蓝色、白色、紫色发光二极管为 3～3.2V。如图 3-52 所示为测红色发光二极管正向导通电压。

(a) 正向电阻小

(b) 反向电阻大

图 3-51 用指针式万用表检测发光二极管

图 3-52 测红色发光二极管正向导通电压

4. 光电二极管

光电二极管又称为光敏二极管，它是一种将光信号变成电信号的半导体器件。它的核心部分也是一个 PN 结，和普通二极管相比，在结构上不同的是：光电二极管的外壳上有一个透明的窗口以接收光线照射，实现光电转换。光电二极管的电路符号、结构及实物如图 3-53 所示。光电二极管是在反向电压作用之下工作的。工作时加反向电压，没有光照时，其反向电阻很大，只有很微弱的反向饱和电流（暗电流）。当有光照时，就会产生很大的反向电流（亮电流），光照越强，该亮电流就越大。

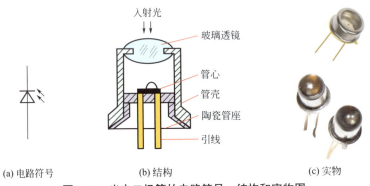

图 3-53 光电二极管的电路符号、结构和实物图

（1）光电二极管在汽车电路上的应用　利用光电二极管制成光电传感器，可以把非电信号转变为电信号，以便控制其他电子元器件。汽车上的许多传感器就是利用光电二极管制成的，如汽车自动空调系统的日照强度传感器、汽车点火系统中的光电式曲轴位置传感器以及灯光自动控制器中用来检测车辆周围亮、暗程度的光传感器等。

如图 3-54 所示是宝马 5 系列（E60/E61）自动空调系统日照传感器电路图。日照强度传感器可以把太阳的照射情况转换成电流的变化，车内自动空调计算机对这种变化进行检测，来调节排风量和排风口温度。

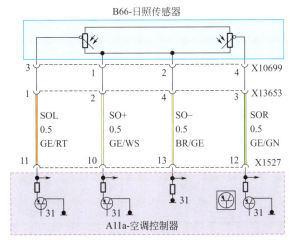

图 3-54　宝马 5 系列（E60/E61）自动空调系统日照传感器电路图

 提示

　　光电二极管的电路连接方式大部分与稳压管类似，是反向工作，即负极接高电位，正极接低电位。

（2）光电二极管的检测　　光电二极管的检测方法与普通二极管基本相同，不同之处是：有光照和无光照两种情况下，反向电阻相差很大。具体测量方法如下。

选用万用表 $R\times100\Omega$ 或 $R\times1k\Omega$ 挡，在无光照情况下，正向电阻应为 $10k\Omega$ 左右，反向电阻应为 ∞。然后让光照着光电二极管，反向电阻随光照强度增加而减小，光线特强时反向电阻可降到 $1k\Omega$ 以下，这样的二极管就是好的。若正反向电阻都是 ∞ 或零，说明管子是坏的。

第五节　三极管

　　三极管又称晶体三极管，是一种具有放大功能的半导体器件。三极管由两个相距很近的 PN 结组成。一块半导体晶片上制造三个掺杂区，形成两个 PN 结，将三个区分别引出三个电极（三个电极分别称为基极 b、集电极 c 和发射极 e），用管壳封装，就得到了一个三极管。各种三极管实物如图 3-55 所示。

(a) 小功率塑料　　(b) 小功率金属圆　　(c) 大功率金属壳　　(d) 大功率塑料　　(e) 贴片三极管
　　封装三极管　　　　壳封装三极管　　　　封装三极管　　　　封装三极管

图 3-55　各种三极管实物

一、三极管的结构

根据两个 PN 结的组合方式不同，三极管有 **NPN** 型和 **PNP** 型两种。取一小块半导体，如果将半导体的中间制成很薄的 P 型区，两边制成 N 型区，即构成 NPN 型三极管，NPN 型三极管的结构及电路符号如图 3-56（a）所示；同理，如果将半导体的中间制成很薄的 N 型区，两边制成 P 型区，即构成 PNP 型三极管，PNP 型三极管的结构及电路符号如图 3-56（b）所示。三极管在电路中常用字母"Q""V"或"VT"加数字表示。

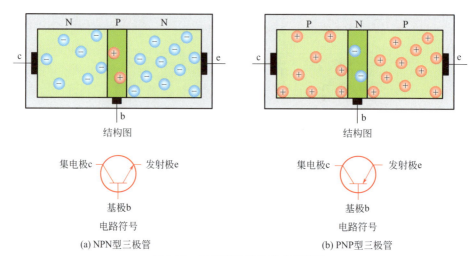

图 3-56　三极管的结构和电路符号

二、三极管的工作原理

三极管的主要功能是电流放大作用和开关作用。下面以一个 NPN 型三极管为例介绍三极管的工作原理。

1. 三极管的放大作用

三极管的放大作用就是利用基极电流控制集电极电流。为了方便理解，还是用水流比喻电流（图 3-57）。粗、细两根水管，粗水管内装有闸门，由细水管中的水量控制着闸门的开启程度。如果细水管中没有水流，粗水管中的闸门就会关闭。注入细水管中的水量越大，闸门就开得越大，相应地流过粗水管的水就越多，这就体现出"以小控制大"的道理。由图 3-57 中可见，细水管的水与粗水管的水在下端汇合在一根管子中。三极管的基极 b、集电极 c 和发射极 e 就对应着图 3-57 中的细水管、粗水管和粗细交汇的水管。如图 3-58 所示是 NPN 型三极管工作原理图，PNP 型三极管的工作原理与其相同，但电流流动方向相反。

当基极电压 U_{BE} 有一个微小的变化时，基极电流 I_b 也会随之有一个小的变化，受基极电流 I_b 控制的集电极电流 I_c 会有一个很大的变化。基极电流 I_b 越大，集电极电流 I_c 也越大；反之，基极电流越小，集电极电流也越小，即**基极电流控制集电极电流的变化，但是集电极电流的变化比基极电流的变化大得多，这就是三极管的放大作用**。I_c 变化量与 I_b 变化量之比叫三极管的放大倍数，用 β 或 hFE 表示（$\beta=\Delta I_c/\Delta I_b$，$\Delta$ 表示变化量），三极管的放大倍数 β 一般为几十到几百倍。三极管是一种电流放大器件，但在实际使用中常常利用三极管的电流放大作用，通过电阻转变为电压放大作用。

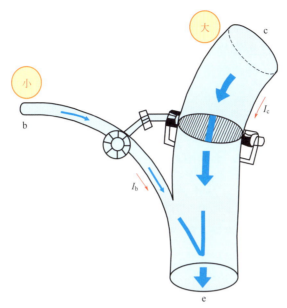

图 3-57 三极管的电流与水流

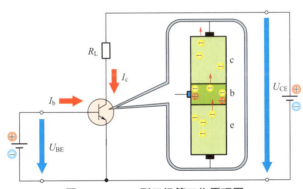

图 3-58 NPN 型三极管工作原理图

2. 三极管的开关作用

三极管有三种工作状态，即截止、放大、饱和。当三极管在基极电流控制下，在截止与饱和两种状态交替变换时，就如同一个开关的断开与闭合，这就是三极管的开关作用。

（1）三极管的截止状态　根据三极管连接的外部电路条件，当 NPN 型三极管连接成如图 3-59 所示电路时，基极 b 与发射极 e 电位差小于 0.7V，这种情况称为基极加了反向偏压。在这种状态下，**三极管不导通，没有电流流动**，称为三极管的截止状态。如果把 ce 间看作一个开关的两端，截止状态相当于开关断开。

（2）三极管的饱和状态　当 NPN 管的基极 b 与发射

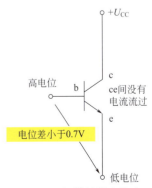

图 3-59 三极管的截止状态

极 e 电位差大于 0.7V 时，基极加了正向偏压，三极管导通，进入放大状态。在放大状态，三极管 ce 之间的电流是随着基极 b 的电流增大而增大的。但是，**当三极管的基极电流增加到一定值时，再增大正向偏压，加大基极电流，ce 之间的电流维持在一个最大值而不再增大，这种状态称为三极管的饱和状态。** 在饱和状态，三极管 ce 之间电位差很小，几乎为零，相当于一个开关的两端闭合。

三、三极管的检测

三极管的检测方法主要有目测和万用表检测两种方法，实际工作中经常采用目测法，在目测法不能做出准确判断时，再利用万用表进行检测。

1. 目测法

（1）**管型的判别** 一般情况下，管型是 NPN 还是 PNP 应该从管壳上标注的型号来判别。三极管型号的第二位（字母）A、C 表示 PNP 管；B、D 表示 NPN 管。

3AX、3CG、3AD、3CA 等均表示 PNP 型三极管。

3BX、3DG、3DD、3DA 等均表示 NPN 型三极管。

此外国际流行的 9011～9018 系列三极管，除 9012、9015 为 PNP 管外，其余标号均为 NPN 管。

（2）**管脚极性的判别** 常用的小功率三极管有金属圆壳封装和塑料封装（半圆柱形）等，管脚排列如图 3-60（a）所示。大功率三极管有金属壳封装［扁柱形，管脚排列如图 3-60（b）所示］以及塑料封装（扁平、管脚直列）等形式。

对于小功率三极管，图 3-60（a）中列出了管脚排列方式，为便于记忆，总结如下。

金属圆壳封装："头向下，腿向上，大开口朝自己，左发右集电"。

塑料半圆柱封装："头向下，平面向自己，左起 cbe"。

对于大功率三极管，金属壳扁柱形封装按照图 3-60(b)中列出的管脚排列方式判别即可。塑料扁平封装、管脚直列型，没有统一形式，要使用万用表检测判别。

贴片三极管有三个电极的，也有四个电极的。一般三个电极的贴片三极管从顶端往下看有两边，上边只有一脚的为集电极，下边的两脚分别是基极和发射极，如图 3-60（c）所示。在有四个电极的贴片三极管中，如图 3-60（d）所示，比较大的一个引脚是三极管的集电极，另有两个引脚相通是发射极，余下的一个是基极。

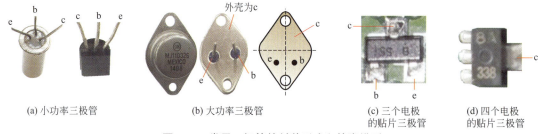

(a) 小功率三极管　　(b) 大功率三极管　　(c) 三个电极的贴片三极管　　(d) 四个电极的贴片三极管

图 3-60　常用三极管的封装形式和管脚排列

2. 用万用表进行检测

利用数字式万用表二极管挡或 hFE 挡可以判别三极管类型和 e、b、c 三个极，还可以测量三极管的电流放大倍数 hFE。

（1）找出基极　将数字式万用表置于二极管挡位，红表笔固定任接某个引脚，用黑表笔依次接触另外两个引脚，如果两次显示值均小于1V或都显示溢出符号"1"或"OL"（视不同的数字式万用表而定），则红表笔所接的引脚就是基极b（图3-61）。如果在两次测试中，一次显示值小于1V，另一次显示溢出符号"1"或"OL"，则表明红表笔接的引脚不是基极b，应更换其他引脚重新测量，直到找出基极b为止。

图 3-61　找基极

（2）找出集电极和发射极　基极确定后，用红表笔接基极，黑表笔依次接触另外两个引脚。如果显示屏上的数值都显示为0.6～0.8V，则所测三极管属于硅NPN型中小功率管，其中，显示数值较大的一次，黑表笔所接引脚为发射极。如果显示屏上的数值都显示为0.4～0.6V，则所测三极管属于硅NPN型大功率管，其中，显示数值大的一次，黑表笔所接的引脚为发射极。

用红表笔接基极，黑表笔先后接触另外两个引脚，若两次都显示溢出符号"1"或"OL"，则调换表笔测量，即黑表笔接基极，红表笔接触另外两个引脚，显示数值都大于0.4V，则表明所测三极管是硅PNP型，此时数值大的那次，红表笔接的引脚为发射极。在测量过程中，若数字式万用表显示屏上的显示数值都小于0.4V，则所测三极管属于锗管。

（3）测三极管的放大倍数　大部分数字式万用表有hFE挡位，用数字式万用表的hFE挡可进行测量放大倍数。如图3-62所示，将三极管的三个管脚插入测试插孔内，当能测试出放大倍数时，插孔边标注的e、b、c即是插孔内三极管管脚的名称。

(a) PNP型三极管　　　　　　　　　　　　　(b) NPN型三极管

图 3-62　测三极管的放大倍数

第六节 集成电路

将电阻、二极管、三极管等元器件以电路的形式制作在半导体硅片上，然后接出引脚并封装起来，就构成了集成电路。集成电路简称集成块，又称 IC 芯片。

集成电路按其功能的不同，分为数字集成电路、模拟集成电路和数/模混合集成电路三大类。

一、集成电路引脚识别

集成电路的引脚很多，少则几个，多则几十个，上百个，各引脚功能又不同，所以在使用时要对号入座，否则集成电路会不工作，甚至烧坏。因此一定要知道集成电路引脚的识别方法，不管什么集成电路，它们都有一个标记指出第 1 脚，常见的标记有小圆点、小突起、缺角，找到该脚后，逆时针依次数 2、3、4…

汽车中的集成电路常用的外形有三种：单列直插式、双列直插式、四方扁平式，其外形及引脚识别如图 3-63 所示。**对于单列直接插式 IC 的脚位识别**：打点或带小坑的为 1 脚，按从左到右的顺序数，如图 3-63（a）所示。

对于双列直插式、四方扁平式的脚位识别：从起始脚开始，按逆时针方向数，一般打点或带小坑的为 1 脚，有的 IC 是以缺口槽为起始标志，正对缺口槽，左下脚就为 1 脚，如图 3-63（b）和（c）所示。

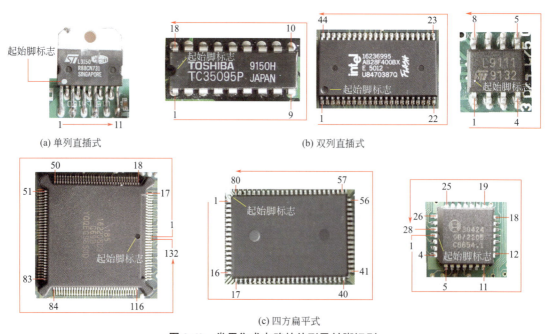

图 3-63 常用集成电路的外形及针脚识别

二、集成电路的检测

集成电路出现故障一般是局部损坏，如击穿、开路、短路等。电源集成电路和功放芯片易损坏，存储器易出现软件故障，其他芯片有时会出现虚焊等。

集成电路是否损坏，可通过从各个方面测试集成电路的工作状态，并与正常工作状态做比较的方法来判断。即测量集成电路各引脚的对地电阻值和电压值，其中测量电阻值应在断电静态状态下进行，测量电压值必须在电路处于工作状态下进行，具体判断方法如下。

1. 检查集成电路各引脚对地电阻值

用万用表测量集成电路各引脚对地的电阻值，然后与正常值比较。当然，采用电阻测量法必须事先知道正常时集成电路各引脚对地的阻值。在测量电阻时应当进行正反两次测量，先用红表笔接地，黑表笔测出一个阻值；再用黑表笔接地，红表笔测出另一个结果。将两次测量的电阻值同时与正常电阻值比较，就可以找出异常的部位。

另外，也可以通过测量集成电路外围相关元器件来判断集成电路是否有故障。但**在测量时，应当注意以下几点。**

① 测量时要使用低电阻挡，例如 $R\times10\Omega$ 挡，这样可以降低外电路对测量数据的影响，也可以较准确地测出二极管、三极管正反向电阻值。

② 测量元器件的电阻值时，还要考虑其他元器件对被测元器件的影响。

③ 如元器件在路电阻值差异很大，可更换元器件后再进行电阻值测。

④ 如外围元器件无问题，故障大多在集成电路内部。

2. 检查集成电路各管脚对地的直流电压

用万用表测量集成电路各脚与地之间的直流电压后，再与正常值相比较，就可发现不正常的部位，但是这种直流电压测量法必须事先知道正常时各脚的直流电压值。

3. 用示波器检查集成电路的输入和输出波形

用示波器测量集成电路的输入和输出波形，再与正常波形相比较，可以很容易地对故障进行定位，除了注意被测点的波形是否正确外，还必须观察波形的幅度值、频率等参数。

在实际故障检修中，使用上述一种方法很难判明故障所在位置，最好综合使用各种方法同时检查，再根据电路原理进行分析，才能达到事半功倍的效果。

第四章 电路元件

第一节 开关装置

汽车上电器控制开关种类较多,如点火开关、灯光组合开关、刮水器及洗涤器开关、转向灯开关、空调开关、车窗玻璃升降开关、后视镜调节开关等,不同开关控制不同的用电设备。下面分别介绍汽车电器中几个重要的开关。

一、点火开关

点火开关是汽车电路中最重要的开关,主要用来控制点火电路,另外还控制发电机磁场电路、仪表及照明电路、启动继电器电路以及辅助电器电路。**常用的点火开关有三挡位式与四挡位式。**

1. 三挡位式点火开关

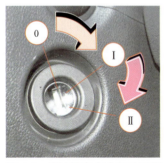

图 4-1 捷达轿车点火开关及钥匙在点火开关中的位置说明

三挡位式点火开关具有 0、Ⅰ、Ⅱ(或 LOCK、ON、START)挡位。如图 4-1 所示为捷达轿车点火开关及钥匙在点火开关中的位置说明,"0"挡时钥匙可自由插入或拔出;顺时针旋转 40°至Ⅰ挡,打开点火开关;继续再旋转 40°为Ⅱ挡,可启动发动机,外力消除后能自动复位到Ⅰ挡。

如图 4-2 所示为捷达轿车点火开关端子图及工作原理图。

(1)**点火开关位于 0 位置** 点火开关处于关闭状态,汽车转向盘被锁死,具有防盗功能。此时电源总线 30 与 P 端子接通,操作停车灯开关,可使停车灯点亮,与点火开关是否拔下无关。如将点火开关钥匙插入,将使电源总线 30 与 SU 端子接通,蜂鸣器可工作。

(2)**点火开关位于Ⅰ位置** 这是工作挡。发动机启动后,松开点火开关钥匙,点火开关将自动逆时针旋转回到Ⅰ位置,此时 P 端子无电,而 15、X、SU 三端子通电。15 端子通电,点火系统继续工作;X 端子通电使得前照灯、雾灯等工作,以满足夜间行驶的需要。

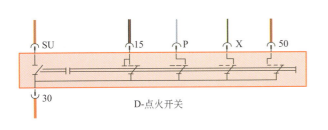

(a) 电路图

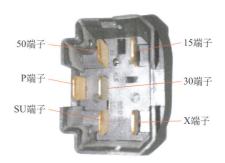

(b) 端子图

接线端子 位置	30	P	X	15	50	SU
0	●	●				●
I	●			●		●
II	●			●	●	●

说明:
位置0——关闭点火开关、锁止转向盘
位置Ⅰ——接通点火开关
位置Ⅱ——启动发动机
30——接蓄电池
P——接停车灯电源
X——接卸荷工作电源
15——接点火电源
50——接启动电源
SU——接蜂鸣器电源

(c) 工作原理图

图 4-2 捷达轿车点火开关端子图及工作原理图

(3)点火开关位于Ⅱ位置 这是启动挡,电源总线 30 与 50 端子、15 端子、SU 端子接通,使起动机运转,电源总线 30 与 15 端子接通使点火系统进入工作状态。因 P 端子断电,刹车灯不能工作;因 X 端子断电,前照灯、雾灯等不能工作。这样就将前照灯、雾灯等耗电量大的用电设备关闭,达到卸荷目的,以满足启动时需要瞬间大电流输入起动机的需要。发动机启动后,应立即松开点火开关,使其回到Ⅰ位置,切断起动机的电流,起动机驱动齿轮退回。

2. 四挡位式点火开关

四挡位式点火开关在汽车中比较常见。四挡位式点火开关有 LOCK、ACC、ON、START(或 0、Ⅰ、Ⅱ、Ⅲ)四个挡位(图 4-3),在三挡位的基础上增加了一个 ACC 电气附件元件工作挡,其他不变。

图 4-3 四挡位式点火开关实物图

（1）**LOCK 挡**　锁车后钥匙会处于 LOCK 状态，此时钥匙不仅锁住转向盘转轴，同时切断全车电源。

（2）**ACC 挡**　ACC 状态可接通汽车部分电器设备的电源，如音响、车灯等。

（3）**ON 挡**　正常行车时钥匙处于 ON 状态，这时全车所有电路都处于工作状态。

（4）**START 挡**　START（或 ST）挡是发动机启动挡位，启动后松开点火开关，点火开关会自动回复到 ON 挡。

如图 4-4 所示为吉利新帝豪点火开关电路图，点火开关的 1、5 端子为供电输入，3 端子为 ACC 输出，6 端子为点火挡输出，2 端子为大电流用电器输出，4 端子为启动控制。启动时断开 2 端子输出，以满足起动机的需要。

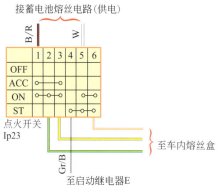

图 4-4　吉利新帝豪点火开关电路图

3. 带智能进入和启动系统的点火开关

随着汽车电子技术的发展，越来越多的车辆使用带智能进入和启动系统的点火开关。如图 4-5 所示为长城哈弗 H6 一键启动开关。

图 4-5　长城哈弗 H6 一键启动开关

当智能钥匙在车内时，按下"ENGINE START STOP"开关（一键启动开关），能切换开关模式、启动发动机或关闭发动机。

停车状态下，不踩离合踏板（手动挡车辆）或者踩制动踏板（自动挡车辆），直接按压一键启动开关，可切换开关模式。每按压一次一键启动开关，开关按照表 4-1 所示的顺序进行模式切换。可依据开关上的工作指示灯颜色，确认开关的状态。一键启动开关上的指示灯如图 4-6 所示。

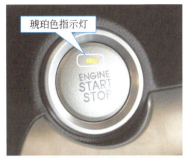
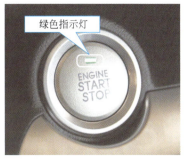

图 4-6　一键启动开关上的指示灯

表 4-1　哈弗 H6 一键启动开关工作指示灯颜色及开关状态说明表

顺序	状态	指示灯	各工作状态的作用
1	LOCK	关闭	电气部件处于非工作状态
2	ACC	琥珀色	可以使用某些电气部件，例如音响系统
3	ON	琥珀色	可以使用所有电气部件

> **提示**
>
> ① 启动发动机时，如果一键启动开关的绿色指示灯闪烁，则表明电子转向锁解锁失败，此时左右轻轻转动方向盘，即可解除锁定。
> ② 如果一键启动开关上的琥珀色指示灯闪烁，则表明一键启动系统存在故障，应立即关闭发动机。

二、组合开关

组合开关将灯光组合开关或刮水器及洗涤器开关组合成一体，是个多功能开关，安装在便于驾驶员操纵的转向柱上。大多数灯光组合开关安装在转向盘左下方转向柱上，用左手操纵；刮水器及洗涤器开关一般安装在转向盘右下方，用右手操纵，如图 4-7 所示为丰田卡罗拉的组合开关。

图 4-7　丰田卡罗拉的组合开关

1. 灯光组合开关

在一部分汽车上照明灯光和信号灯光采用组合开关控制，即小灯、大灯、变光、转向、会车闪光等都用一个开关控制，常见的是拨杆式与旋转式，下面介绍拨杆式灯光组合开关，如图 4-8 所示。

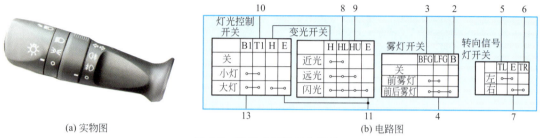

图 4-8 拨杆式灯光组合开关

（1）**灯光控制开关**　灯光控制开关的末端可绕手柄的轴线扭动（图 4-9），控制其小灯和大灯，分如下三挡。

图 4-9 前照灯开关的操作

① ○表示灯光关闭，全部灯光熄灭。
② ≡O〇≡表示前小灯、尾灯、牌照灯和仪表板灯点亮。
③ ≡D表示近光灯打开，前小灯、尾灯、牌照灯和仪表板灯仍然点亮。在此挡时，将手柄向远离自身方向推则打开远光灯，将手柄向自身方向拉至中间位置则关闭远光灯。

（2）**雾灯开关**　在前照灯开关位于"≡O〇≡"或"≡D"时可使用雾灯。如图 4-10 所示，向前旋转旋钮，打开雾灯；向后旋转旋钮，关闭雾灯。可以从组合仪表上看到雾灯的开关状态。旋钮向前转动 1 次，打开前雾灯；再向前转动 1 次，后雾灯与前雾灯同时点亮。

图 4-10 雾灯开关的操作

（3）**转向信号灯开关**　下拨灯光组合开关，左转向信号灯就会闪烁，表示向左转；上拨灯光组合开关，右转向信号灯就会闪烁，表示向右转。在转向时组合仪表中相应的转向指示灯也会亮起，如图 4-11 所示。车辆在转弯后，转向盘回正时，手柄会自动回位，转向信号灯会自动关闭。

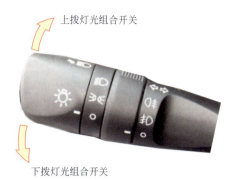

(a) 转向信号灯的操作

(b) 转向时仪表指示

图 4-11　转向信号灯的操作与仪表指示

2. 刮水器及洗涤器开关

刮水器及洗涤器的作用是为了在不同的天气情况下，改善驾驶员的视野状况，选择刮水器及洗涤器开关的不同挡位可以实现刮水及清洁功能。

刮水器及洗涤器开关如图 4-12 所示。

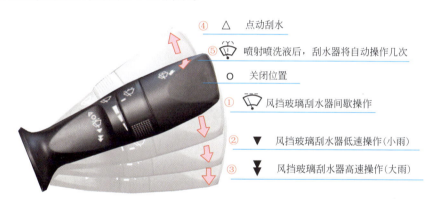

(a) 操作实物图

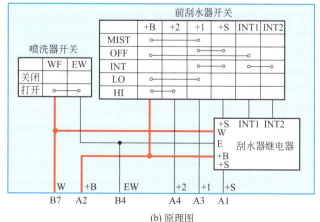

(b) 原理图

图 4-12　刮水器及洗涤器开关

三、车灯开关

部分汽车的灯光组合开关采用旋转式车灯开关。车灯开关一般安装在仪表面板的左侧，它包括小灯开关、大灯开关、雾灯开关等，如图 4-13 所示。

(a) 大众车灯开关

(b) 奔驰车灯开关

(c) 宝马车灯开关

图 4-13　车灯开关

如图 4-14 所示为大众新朗逸 / 朗行车灯开关与变光开关。当车灯开关位于 0 位置时，灯光关闭；当车灯开关位于 ⇉○⇇ 位置时小灯点亮；当车灯开关位于 ⇉◉ 位置时小灯仍然点亮，近光灯也点亮，照亮前方的路面，向外按压变光开关［图 4-14（b）］，可以变为远光，照亮前方更远的路面。遇到对面来车，可使用会车闪光灯，向内扳动变光开关，大灯就会点亮，松开后，变光开关自动回位，会车闪光灯熄灭。如果点火开关处于关闭状态时，大灯不会点亮，点火开关只有位于 ON 位置时，大灯才会点亮。

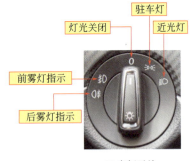
(a) 车灯开关

(b) 变光开关

图 4-14　大众新朗逸 / 朗行车灯开关与变光开关

将车灯开关从位置 ⇉○⇇ 或 ⇉◉ 拉出到第一挡时，打开前雾灯；将车灯开关从位置 ⇉○⇇ 或 ⇉◉ 完全拉出时，打开后雾灯。要关闭雾灯，则按压车灯开关或将其转到 0 位置即可。

四、开关的检测

检查时应根据开关的功能和开关各挡的导通情况，用万用表电阻挡进行检查，如图 4-15 所示为灯光组合开关及插脚。

检查步骤如下。

① 检查灯光控制开关是否导通。按照表 4-2 检查开关在每个位置时各端子之间是否导通。

② 检查前照灯变光开关是否导通。

③ 检查雾灯开关是否导通。

④ 检查转向开关是否导通。

⑤ 如果不符合规定，则更换组合开关。

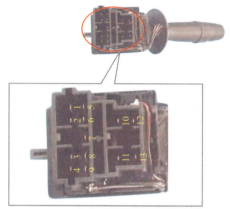

图 4-15　灯光组合开关及插脚

表 4-2　灯光组合开关挡位及端子导通关系表

名称		挡位	导通端子
灯光组合开关	灯光控制开关	小灯挡	10 与 13
		大灯挡	10 与 13
	变光开关	闪光挡	9 与 11
		近光挡且灯光控制开关在大灯挡时	8 与 11
		远光挡且灯光控制开关在大灯挡时	9 与 11
	雾灯开关	前雾灯挡	2 与 3
		前后雾灯挡	2 与 3 与 4
	转向开关	左挡	5 与 7
		右挡	6 与 7

第二节　保险装置

为了防止过载和短路时烧坏用电设备及导线，在电源与用电设备之间串联有保险装置。汽车常见的保险装置有易熔线和熔丝，其电路符号如图 4-16 所示。

(a) 易熔线符号　　　　　　(b) 熔丝符号

图 4-16　易熔线和熔丝的电路符号

一、易熔线

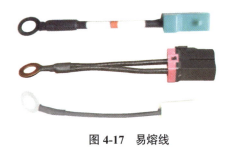

图 4-17 易熔线

易熔线是一种截面积小于被保护电线，可长时间通过额定电流的铜芯低压导线或合金线。易熔线用于保护工作电流较大的电路，一般长度为 50～200mm，通常安装在电路的起始端（如蓄电池正极接线柱上），易熔线的外面包有一层特殊的不易燃绝缘体。当线路中有超过额定电流数倍的电流时，易熔线首先熔断。易熔线由电线线段及端子等组成，如图 4-17 所示。

> **注意**
> 当易熔线熔断时，一定是主电路和大电流电路发生故障，必须先找出短路的原因，待排除故障后，才能更换相同规格的易熔线。不能随意更换比规定容量大的易熔线或者用粗导线代替，并且易熔线的四周不能用聚四氟乙烯塑料带包扎。

二、熔丝

又称熔断器、保险丝，是对电路、用电设备短路和过载进行保护的一次性元件。保险丝一般串接在电路中，当电路正常时，保险丝就相当于一根导线；当电路出现短路或过载时，流过保险丝的电流很大，使其中的金属线或片产生高温而熔断，导致开路而中断电流，从而保护电路和用电设备。

1. 保险丝的种类

保险丝按结构来分有玻璃管式、连接式、插片式等，如图 4-18 所示。

(a) 玻璃管式保险丝

(b) 连接式保险丝

大保险丝　中保险丝　小保险丝
(c) 插片式保险丝

图 4-18 各种保险丝

玻璃管式保险丝根据额定电流不同，有 0.5～20A、20～80A 两种。

连接式保险丝一般用于较大电流的用电设备，如 40A、50A、60A、70A、80A、90A、100A、120A 等几种。

在汽车电路中，采用较多的是插片式保险丝。插片式保险丝又分为大保险丝、中保险丝、小保险丝三种。插片式保险丝拥有工程塑料外壳，包裹着锌或铜制成的熔体结构，金属熔体和插脚连接。汽车插片式保险丝的规格一般为 2～40A，其容量数值会在保险丝的顶端标注。如果保险丝烧坏了无法辨认容量的话，可以通过它的颜色来判断。国际标准规定：2A——灰色、3A——紫色、4A——粉色、5A——橘黄色、7.5A——棕色、10A——红色、15A——蓝色、20A——黄色、25A——无色透明、30A——绿色、35A——浅紫色、40A——深橘色。保险丝通常组合在一起安装在保险丝盒内，并在保险丝盒盖上注明保险丝的名称、容量和位置。各种颜色的插片式保险丝如图4-19所示。

图 4-19　各种颜色的插片式保险丝

通常一辆车拥有两个保险丝盒，一个位于发动机舱内，另一个位于驾驶室内。发动机舱内的保险丝盒负责管理汽车外部的用电器，如喇叭、玻璃清洗器、ABS、大灯等；驾驶室内的保险丝盒负责管理车内的用电器，如车窗升降器、安全气囊、电动座椅、点烟器等。

2. 检查与更换保险丝的方法

当汽车出现因保险丝导致的故障时，可按下面的方法查找并更换保险丝。

（1）查找保险丝盒位置　发动机舱内的保险丝盒一般在车辆的发动机舱边缘（图4-20）；驾驶室内的保险丝盒一般位于中控台靠近车门的一侧或在转向盘的下面（图4-21）。

图 4-20　发动机舱内的保险丝盒　　　　图 4-21　驾驶室内的保险丝盒

（2）查阅保险丝对照表找到保险丝位置　按保险丝盒盖子内的保险丝对照表，可以查找相应的保险丝位置。有了所要找的保险丝具体位置图，便可以找到保险丝在车内的实际位置。保险丝对照表与保险丝盒如图4-22所示。

图 4-22　保险丝对照表与保险丝盒

（3）利用汽车配备的拆卸器（图 4-23）拔出怀疑有故障的保险丝　目测（图 4-24）或用万用表测量保险丝是否导通，如果电阻为无穷大，则烧毁，需换上备用的新保险丝。目前车辆使用的插片式保险丝没有正负极之分，因此在更换保险丝时只要注意保险丝大小和容量即可。

图 4-23　专用工具

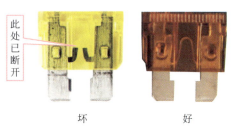

图 4-24　目测判断保险丝的好坏

3. 保险丝更换注意事项

① **保险丝容量要正确**。在更换保险丝以前必须切断所连电气部件及点火开关的电源，并选择与原保险丝相同的容量，不能随意加大保险丝的电流规格，更不能用铁丝代替。

② **没有备用保险丝时的更换**。在没有备用保险丝情况下，紧急时，可以更换对驾驶及安全没有影响的其他设备上的保险丝代替。如果不能找到具有相同电流负荷的保险丝，则可采用比原保险丝额定电流低的代替。

③ **在拆下、插入保险丝时，必须使用拆卸器**。在拆装保险丝时，进出要保持平直，不能扭动，否则会使端子卡口张开过大，导致接触不良。

④ **如果保险丝连续烧断，说明电路存在短路，必须检查整个电气系统**。

第三节　继电器

继电器是汽车控制电路中常用的一种元件，它是利用电磁感应原理，控制某一回路的接通或断开，实现用小电流控制大电流，从而减小控制开关触点的电流负荷，保护开关触点不被烧蚀。汽车上广泛使用电磁式继电器，常见的继电器有供电继电器、启动继电器、喇叭继电器、雾灯继电器、雨刮继电器等。

一、继电器的结构

电磁式继电器一般由铁芯、线圈、衔铁、回位弹簧、触点等组成。如图 4-25 所示为常开、常闭混合型继电器内部结构图。

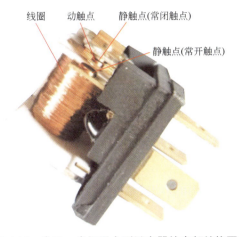

图 4-25　常开、常闭混合型继电器的内部结构图

二、继电器的分类

继电器按接通及断开方式可分为常开继电器、常闭继电器，以及常开、常闭混合型继电器常见的几种继电器如图 4-26 所示。

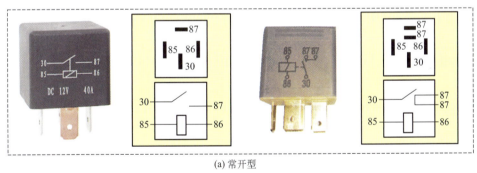

(a) 常开型

(b) 常闭型　　　　(c) 常开、常闭混合型

图 4-26　常见的几种继电器

三、继电器的工作原理

继电器的工作原理如图 4-27 所示。当开关闭合时,线圈两端加上一定的电压,线圈中就会流过一定的电流,从而产生电磁效应,衔铁就会在电磁力吸引的作用下克服回位弹簧的拉力吸向铁芯,从而带动衔铁的动触点与静触点(常开触点)吸合,此时红色灯泡亮起。当线圈断电后,电磁的吸力也随之消失,衔铁就会在弹簧的反作用力下返回原来型的位置,使动触点与静触点(常闭触点)吸合,此时绿色灯泡亮起。这样吸合、释放,从而达到了在电路中的导通、切断的目的。对于继电器的"常开、常闭"触点,可以这样来区分:继电器线圈未通电时处于断开状态的静触点,称为"常开触点";处于接通状态的静触点称为"常闭触点"。继电器一般有两个电路,一个为控制电路,另一个为工作电路。

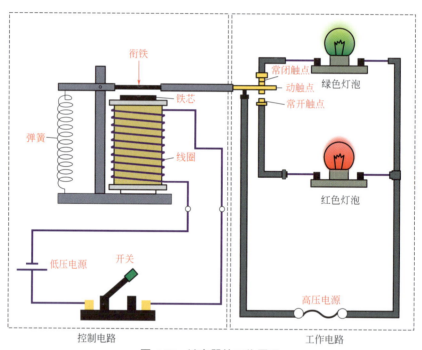

图 4-27 继电器的工作原理

四、继电器在汽车上的运用与安装位置

1. 继电器在汽车上的运用

继电器在汽车上运用广泛,如图 4-28 所示是大众汽车上的 X 触点卸荷继电器,"30"端子为继电器触点供电输入端,"87"端子为继电器触点供电输出端,"86"端子为线圈供电端,"85"端子为线圈接地端。

当继电器线圈通电工作时,电流经过端子"86"及"85",使线圈激磁,由于线圈的磁力吸引,使"30"端子与"87"端子间的触点闭合。

当线圈断电时,线圈的磁力也随之消失,活动触点就会在弹簧的反作用力下返回原来的位置,使"30"端子与"87"端子间的触点断开。

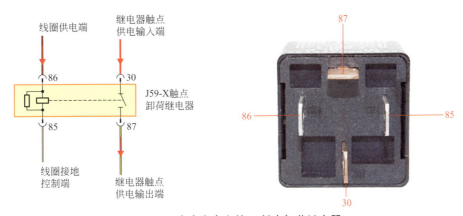

图 4-28　大众汽车上的 X 触点卸荷继电器

2. 安装位置

继电器一般安装在中央配电盒内，如图 4-29 所示。

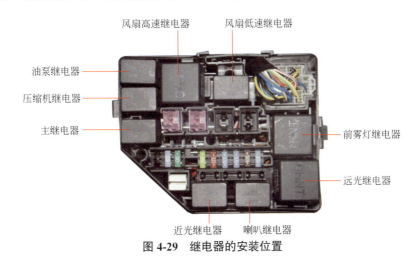

图 4-29　继电器的安装位置

五、继电器的检测

1. 测电阻

用万用表电阻挡检测继电器线圈的阻值，从而判断该线圈是否存在开路现象。

2. 通电检测

如果电阻符合要求，再给继电器线圈加载工作电压，然后用万用表检查触点的导通情况，如果是常开触点，加载工作电压后，触点应闭合，测得电阻为 0；如果是常闭触点，加载工作电压后，触点应断开，测得电阻为无穷大。

以大众汽车上的 X 触点卸荷继电器为例，用万用表电阻 $R×100$ 挡检查接线端子 86 与 85，应导通（有一定的电阻值），而接线端子 30 与 87 间电阻应为无穷大（图 4-30）；在接线端子 86 与 85 间加 12V 电压，用万用表测端子 30 与 87，应导通。如果检测结果与上述不符，说明继电器已损坏。

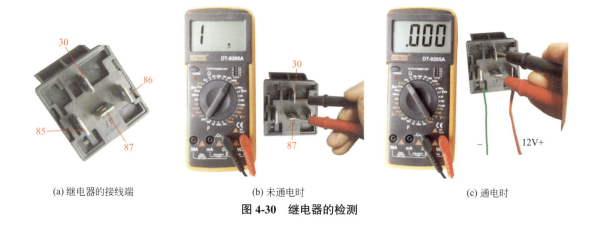

(a) 继电器的接线端　　　　(b) 未通电时　　　　(c) 通电时

图 4-30　继电器的检测

第四节　变压器与点火线圈

一、变压器

变压器是利用电磁感应的原理来改变交流电压、电流和阻抗的器件，变压器由铁芯（或磁芯）和线圈组成，如图 4-31 所示。

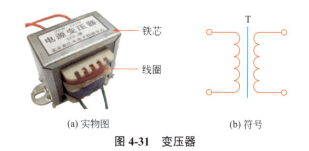

(a) 实物图　　　　(b) 符号

图 4-31　变压器

1. 变压器的工作原理

如图 4-32 所示为变压器的工作原理，与电源相连的绕组，称为原绕组或初级绕组，匝数为 N_1；与负载相连的绕组，称为副绕组或次级绕组，匝数为 N_2。当初级线圈上加一个交流电压时，初级线圈便有电流通过，在次级线圈两端就会产生感应电动势。初级线圈上的电压为 U_1，次级线圈上的电压为 U_2，初级、次级电压和线圈圈数间具有下列关系。

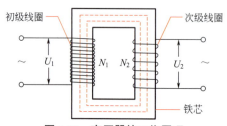

图 4-32　变压器的工作原理

$$\frac{U_1}{U_2} = \frac{N_1}{N_2}$$

当 $N_2 < N_1$ 时，其感应电动势低于初级电压，即 $U_2 < U_1$，这种变压器称为降变压器；当 $N_2 > N_1$ 时，其感应电动势要比初级所加的电压还要高，这种变压器称为升压变压器，即 $U_2 > U_1$。

2. 变压器的应用

变压器在汽车上的运用比较广泛，如汽车发动机点火系统中的点火线圈、氙气大灯内部的升压变压器（图4-33）及基于变压器原理的传感器等。

图 4-33　一汽奔腾 B50 氙气大灯内部的升压变压器

二、点火线圈

点火线圈是产生点火所需高压电的一种变压器，它将 12V 的低压电转变成 15～20kV 的高压电。但点火线圈的工作方式却与普通变压器不一样，普通变压器是连续工作的，而点火线圈则是断续工作的，它根据发动机不同的转速以不同的频率反复进行储能及放能。电控发动机中，点火线圈通常分为双缸式点火线圈和独立式点火线圈，如图4-34所示。

(a) 双缸式点火线圈　　　　　　　　　　　　(b) 独立式点火线圈

图 4-34　常用的点火线圈

1. 点火线圈的工作原理

（1）双缸式点火线圈　双缸式点火方式是指两个气缸合用一个点火线圈，即一个点火线圈有 2 个高压输出端，分别与火花塞相连，负责对 2 个气缸同时点火。无分电器双缸式点火线圈的工作原理如图4-35所示（以4缸发动机为例），内部初级绕组由两个晶体管分别控制搭铁，共用一根电源线。

当点火控制器中的控制回路使三极管 V_1 截止时，点火线圈初级绕组中的电流被切断，在次级绕组 T_1 中感应出上"+"下"-"的高压电，此高压电同时击穿 1 缸、4 缸的火花塞电极间的气体，产生高压火花，火花塞跳火。在两缸同时点火的过程中，压缩行程气缸的点火为有效点火，而排气行程气缸的点火为无效点火。发动机 2 缸、3 缸的同时点火工作原理与上述相同。

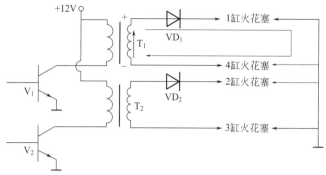

图 4-35　无分电器双缸式点火线圈的工作原理

V_1—1 缸、4 缸点火控制三极管；V_2—2 缸、3 缸点火控制三极管；VD_1—1 缸、4 缸高压二极管；VD_2—2 缸、3 缸高压二极管；T_1—1 缸、4 缸点火线圈的次级绕组；T_2—2 缸、3 缸点火线圈的次级绕组

捷达轿车点火线圈采用的是无分电器双缸式点火线圈，如图 4-36 所示，插头共有 4 个脚，其中 1 脚与 3 脚为控制脚，分别接发动机控制单元；2 脚为供电端，接 12V 电源；4 脚为接地端。当 1 脚和 3 脚输入控制信号时，高压端头输出高压电，供 4 个气缸的火花塞点火。

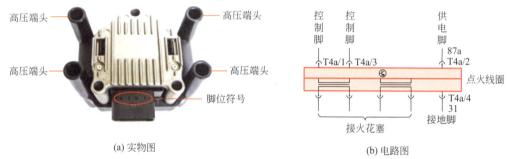

图 4-36　捷达轿车点火线圈

（2）独立式点火线圈　独立式点火是指每一个气缸分配一个点火线圈，即点火线圈和输出放大器集成在一个部件上，点火线圈直接安装在火花塞的顶上。奔驰 C 级轿车 /GLK 级越野车 M272 发动机使用带点火输出端的独立式点火线圈，点火线圈实物及安装位置如图 4-37 所示。点火线圈的 1 端子为供电端，2 端子为车身接地，3 端子为发动机接地，4 端子为触发 / 诊断端。

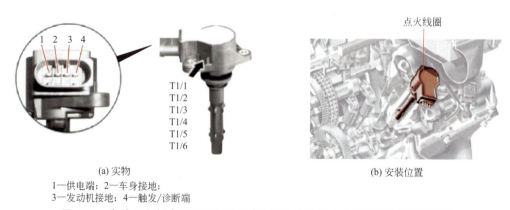

1—供电端；2—车身接地；
3—发动机接地；4—触发/诊断端

图 4-37　奔驰 C 级轿车 /GLK 级越野车 M272 发动机点火线圈实物及安装位置

奔驰 C 级轿车 /GLK 级越野车 M272 发动机点火线圈的工作原理如图 4-38 所示。点火线圈有两组绕组，即初级绕组和次级绕组。初级绕组由粗铜丝组成，接低电压，当电流流过初级绕组时，产生磁场。发动机电子设备（ME）控制单元触发点火线圈 4 端子和 2 端子的初级电路，由于电流流过初级线圈（LP）时产生一个磁场，点火时刻，初级电流被中断，引起次级线圈（LS）的磁场突然减弱，这时在次级线圈上产生点火电压，由于次级绕组的匝数比初级绕组多得多，因此，在次级绕组中感应出高压电，通过火花塞产生电火花，从而点燃可燃混合气。

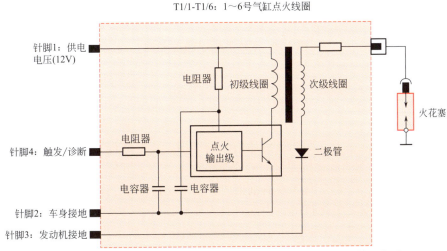

图 4-38　奔驰 C 级轿车 /GLK 级越野车 M272 发动机点火线圈的工作原理

每一个点火线圈安装了一个二极管，是为了抑制输出端关闭时产生的附加电压。

2. 点火线圈的检测

（1）独立式点火线圈的检测　某个独立式点火线圈出现故障时，会造成单缸不工作或工作不正常，表现为怠速抖动、动力不足、加速不良等。

检测方法： 拆下火花塞，通过观察电极处的燃烧情况来判断是哪一个气缸不正常，燃烧不正常的火花塞电极处会发黑或有油污。确定某缸有故障后，将有故障气缸的点火线圈与另一气缸的点火线圈互换，如果故障随着点火线圈转移，即可确定为点火线圈故障。同时也要检查点火线圈的连接线是否存在断路现象，点火线圈的控制信号与控制电脑之间应无断路或短路现象。

（2）双缸式点火线圈的检测　双缸式点火线圈出现故障时，会造成两个或四个气缸不工作（以四缸发动机为例），表现为发动机不能启动或启动困难、怠速熄火、加速不良等现象。

检测方法： 可用万用表 20kΩ 挡测量点火线圈高压端 1、4 缸和 2、3 缸之间的电阻，正常应有一定的阻值，如图 4-39 所示。如果出现电阻值无穷大，说明点火线圈次级绕组断路，应更换点火线圈。如果点火线圈没有故障，应检查点火线圈的连接线及连接线与控制电脑之间是否存在断路现象。

(a) 测1、4缸间的电阻 (b) 测2、3缸间的电阻

图 4-39 双缸式点火线圈的检测

第五节 灯泡

汽车上的各种灯泡主要起照明或传递信号的作用，其电路符号如图4-40所示。汽车上的灯具按照灯泡的安装位置来分，又可分为外部灯具和内部灯具。外部灯具主要有前照灯、雾灯、牌照灯、转向灯、倒车灯、制动灯、后尾灯等；内部灯具主要有顶灯、仪表照明灯、车厢灯、车门灯等。各种照明与信号的位置如图4-41所示。

图 4-40 灯泡电路符号

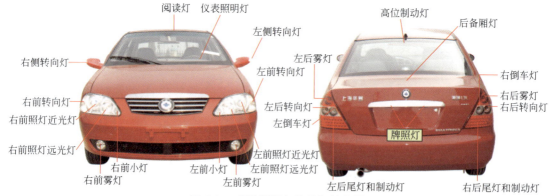

图 4-41 各种照明与信号灯的位置

一、外部灯具

1. 前照灯

前照灯（俗称大灯）安装在汽车头部的两侧，夜间用来照亮前方的道路，有些车型也兼做超车信号灯。灯光为白色，有两灯制和四灯制两种配置方式。远光灯一般的功率为40～100W，近光灯一般的功率为30～90W。常用的大灯灯泡有卤素灯泡和氙气灯泡，如图4-42所示。

2. 雾灯

雾灯安装在汽车头部和尾部。在雾天、雨雪天或尘埃弥漫的情况下使用，用来改善车前道路的照明。前雾灯一般安装在汽车前保险杠上，光色为黄色或白色，功率为 35～55W。后雾灯用来警示尾随车辆保持一定的安全距离，光色为红色，功率为 21W，一般安装在汽车后保险杠上。雾灯灯泡如图 4-43 所示。

卤素灯泡　　　氙气灯泡

图 4-42　前照灯灯泡

图 4-43　雾灯灯泡

3. 牌照灯

牌照灯安装在汽车尾部的牌照上方或左右两侧，其作用是夜间照亮汽车牌照。牌照灯光为白色，功率一般为 5～15W。牌照灯灯泡如图 4-44 所示。

图 4-44　牌照灯灯泡

4. 转向灯

装于汽车头部、尾部及左右两侧，在车辆距转弯路口 30～100m 左右时打开，断续闪亮，以提示前、后、左、右的车辆和行人注意。在紧急危险状态时，全部转向灯可通过危险警报灯开关接通同时闪烁。转向灯光色为黄色，主转向灯功率一般为 20～25W，侧转向灯功率为 5W。转向灯灯泡如图 4-45 所示。

图 4-45　转向灯灯泡

5. 倒车灯

安装在汽车尾部的左右两侧。倒车时，变速器上的倒车灯开关将电路接通，倒车灯点亮，照亮车后路面，并警示车后的车辆和行人，表示该车正在倒车。灯光为白色，功率为 21W 左右。倒车灯灯泡如图 4-46 所示。

图 4-46　倒车灯灯泡

6. 制动灯

俗称"刹车灯"，安装在汽车尾部两侧，高位制动灯一般安装在车尾上部。当踩下制动踏板时，制动灯开关将电路接通，制动灯点亮，警示后方车辆及行人保持一定的安全距离。制动灯光色为红色，功率为 21W 左右，采用发光二极管（LED）的制动灯功率为 1～3W。制动灯灯泡与高位制动灯如图 4-47 所示。

(a) 制动灯灯泡　　　　　　　　　　(b) 高位制动灯

图 4-47　制动灯灯泡与高位制动灯

7. 示位灯与尾灯

又称示宽灯、位置灯，安装在汽车前面、后面和侧面，夜间行车或停车时以标志车辆的形位，示位灯功率一般为 5～10W，采用发光二极管（LED）的功率一般为 1～3W。前示位灯俗称"小灯"，光色为白色或黄色；后示位灯俗称"尾灯"，光色为红色；侧位灯光色为琥珀色。

8. 驻车灯

部分大众车型中还有驻车灯，装于车头和车尾两侧。夜间驻车时，将驻车灯接通以标志车辆的形状、位置，警示其他车辆及行人注意避让，以防碰撞。车前驻车灯为白色，车尾处为红色，功率为 3W。

二、内部灯具

1. 顶灯

安装在驾驶室的顶部（图 4-48），除用作车内照明外，还有监视车门是否可靠关闭的作用，灯光为白色，功率为 5～15W，公共汽车或客车顶灯一般采用荧光灯。

图 4-48　顶灯

2. 阅读灯

装于乘员席顶部或侧面（图 4-49），照明范围较小，有的还有光轴方向调节功能。阅读灯点亮时不会使驾驶员产生眩目现象。顶灯及阅读灯灯泡如图 4-50 所示。

图 4-49　阅读灯

图 4-50　顶灯及阅读灯灯泡

3. 仪表照明灯

装在仪表板背面，用来照明仪表指针及刻度板（图 4-51）。仪表照明灯一般与示位灯、牌照灯并联。大众汽车的仪表照明灯亮度，可以通过亮度调节开关进行调节。仪表照明灯功率为 2～8W。

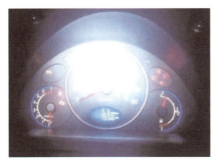

(a) 仪表照明效果图

(b) 灯泡

图 4-51　仪表照明灯

4. 后备厢灯

装于轿车后备厢内（图 4-52），当开启后备厢盖时，开关接通，后备厢灯点亮，照亮后备厢空间，功率为 5～10W。

5. 门灯

装于轿车车门内侧（图 4-53），开启车门时，门灯点亮，以告示后来行人、车辆注意避让。光色为红色，功率一般为 5W 左右。

图 4-52　后备厢灯

图 4-53　门灯

6. 报警及指示灯

指示灯用于指示某一系统是否处于工作状态，灯光一般为绿色或蓝色，功率为 2W。如远光指示灯、转向指示灯、雾灯工作指示灯等。报警灯一般为红色、黄色，常见的报警灯有充电报警灯、制动系统报警灯、机油压力过低报警灯、发动机故障报警灯、冷却液温度报警灯等。报警及指示灯如图 4-54 所示。

图 4-54　报警及指示灯

7. 踏步灯

安装在中大型客车门梯处（图 4-55），以方便乘客夜间上下车。

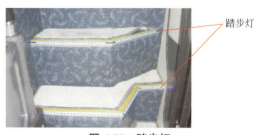

图 4-55　踏步灯

三、灯泡的检测

汽车车灯的常见故障是灯泡烧坏、插座锈蚀或插头损坏。对于灯泡的好坏,可以用万用表进行检测(图 4-56),检查灯丝的通断,如果电阻为无穷大,则表明灯丝损坏。

(a) 好　　　　　　　　　　　　　　(b) 坏

图 4-56　灯泡的检查

第六节　插接器

一、了解插接器

插接器(连接器、插接件)由插座和插头两部分组成分。用于线束与线束或导线与电气元件之间(如传感器、执行器、控制单元)的相互连接(图 4-57),是连接汽车电气线路的重要元件。

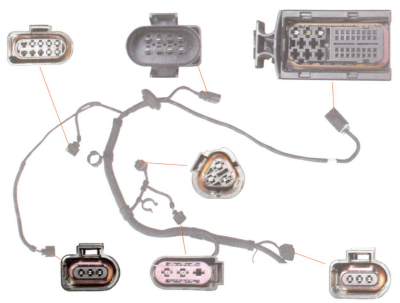

图 4-57　线束与插接器

插接器有不同的规格型号、外形和颜色，为了防止插接器在汽车行驶中脱开，所有插接器均采用了闭锁装置，如图4-58所示。

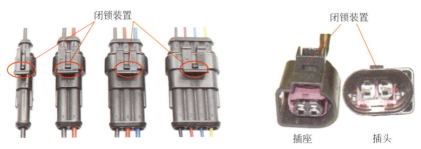

图 4-58　插接器的闭锁装置

断开插接器时，首先要解除闭锁，使锁扣脱开，才能将其分开，不允许在未解除闭锁装置的情况下用力拉导线，这样会损坏闭锁装置或连接导线。

二、插接器的检测

1. 防水插接器的检测

当对防水插接器的导通性及电压进行测试时，要求用专用工具，如图4-59所示，以免引起插接器接触不良或防水性能降低，切忌不要从背面伸入探针检测防水插接器，否则会引起端子腐蚀，使电路性能下降。

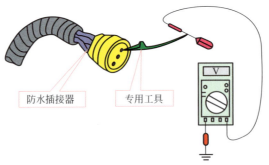

图 4-59　防水插接器的检测

> **注意**
>
> 　　如果断开插接器检测，面对的部分是插孔一侧，要选用合适的探针，且接触端子时不可用力过大，探针不要同时接触两个或多个端子，否则可能损坏电路。
> 　　① 如果面对的部分是插针一侧，在检测某个端子时，不要将探针碰到其他端子。
> 　　② 若需要拉动线束时，应小心轻拉，不要让端子脱离插接器。
> 　　③ 当发现插接器端子结合不良时，可以拆下插接器座上的端子，拔出导片，再维修插接器端子。

2. 普通插接器的检测

对普通插接器的导通性及电压进行测试时，可以用从插接器背面伸入探针的方法直接检测，如图 4-60 所示，但检测时要小心，不要将导线刺透、刺断，也不要碰到其他端子的导线。

图 4-60　普通插接器的检测

第七节　导线与线束

一、导线的种类

汽车用导线按承受电压的高低，可分为高压导线和低压导线两种。其中低压导线按其用途来分，又有普通低压导线、带状导线、低压电缆线三种（图 4-61）。汽车充电系统、仪表、照明、信号及辅助电气设备等，均使用普通低压导线，而起动机与蓄电池的连接线、蓄电池与车架的搭铁线等则采用电缆线；点火线圈或点火模块至发动机各缸火花塞上的（高压）分线，则使用特制的高压点火线。

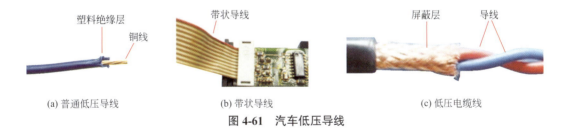

(a) 普通低压导线　　(b) 带状导线　　(c) 低压电缆线

图 4-61　汽车低压导线

二、低压导线

1. 导线的截面积

导线的截面积是指经过换算而统一规定的线芯截面积。**选择导线时，主要根据绝缘、流过导线的电流大小和机械强度选择**。对于一些工作电流较小的电器，为保证具有一定的机械强度，汽车电器中导线截面积不得小于 $0.5mm^2$。高压导线的截面积约为 $1.5mm^2$。各种低压导线标称截面积所允许的电流值如表 4-3 所示。

表 4-3　各种低压导线标称截面积所允许的电流值

低压导线标称截面积 /mm²	1.0	1.5	2.5	3.0	4.0	6.0	10	13
允许的电流值 /A	11	14	20	22	25	35	50	60

汽车 12V 电系主要电路导线截面积选择的推荐值如表 4-4 所示，国产汽车 12V 电系主要电路所用导线的截面积如表 4-5 所示。

表 4-4　汽车 12V 电系主要电路导线截面积的推荐值

截面积 /mm²	用途
0.5	后灯、顶灯、指示灯、仪表灯、牌照灯、燃油表、水温表、刮水电动机、电钟等电路
0.8	转向灯、制动灯、停车灯等电路
1.0	前照灯近光、电喇叭（3A 以下）电路
1.5	前照灯远光、电喇叭（3A 以上）电路
1.5～4	5A 以上线路（除本表所列电器线路以外）
4～6	柴油汽车电热塞
4～25	电源线
16～95	起动机电缆

表 4-5　国产汽车 12V 电系主要电路所用导线的截面积

电路系统名称	电线起止名称	截面积 /mm²
充电系统	发电机→调压器"磁场"→"搭铁"线	0.75～1
	发电机"电枢"→调压器"电枢"	2.5～3.0
	调压器"电池"→电流表→启动电动机	3.0～6.0
开关连接线	电流表→电源开关→各用电设备开关	2.0～3.0
启动系统	预热启动开关、预热指示器→电热塞、起动机电磁开关（柴油汽车）起动机转换开关→起动机各控制开关导线（汽油汽车）	2.5～3.0
照明系统	前照灯远光	1.5～2.5
	前照灯近光、前小灯、后灯、转向信号灯	1.0～1.5
电喇叭	电源→喇叭→开关	1.0～1.5
仪表系统	点火开关→仪表→传感器	0.75～1.0
起动机系统	起动机电源线、蓄电池搭铁线	36、43、50、70

2. 导线颜色

为便于识别和检修汽车电器设备，通常将线束中的低压线采用不同的颜色制成，选配线时习惯采取两种导线，即单色导线和双色导线（图 4-62）。

（1）单色导线　绝缘表面为一种颜色的导线。

（2）双色导线　绝缘表面为两种颜色（主色和辅助色）的导线。双色导线中面积比例大的颜色是主色；面积比例小的颜色是辅助色。辅助色为环绕布置在导线上的条色带或螺旋色带，且标注时主色在前，辅助色在后。如图 4-62 所示的双色导线，蓝色/白色导线的主色为蓝色，放在前面；白色为辅助色，放在后面。

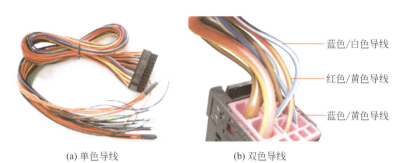

(a) 单色导线　　　　　　　(b) 双色导线

图 4-62　单色导线和双色导线

各国汽车厂商在电路图上大多以英文字母来表示导线的颜色。国产汽车一般用单个字母表示一种颜色。日本车系常用单个字母表示，个别用双字母表示，其中后一位是小写字母。美国车系常用 2～3 个字母表示一种颜色，如果导线上有条纹，则要书写较多字母。德国（如大众、奥迪、奔驰、宝马）汽车通常用 2 个字母表示一种颜色（图 4-63），但颜色代号各不相同，在读图时要注意区别。各国车系的导线颜色代号如表 4-6 所示。

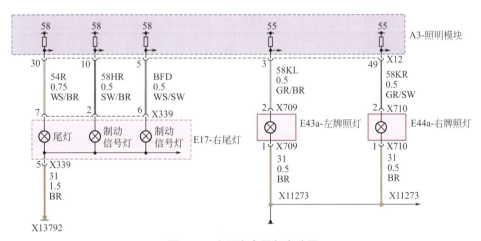

图 4-63　宝马汽车局部电路图

表 4-6　各国车系的导线颜色代号

颜色	色标	英文	中国	美国	日本	本田、现代	大众、奥迪	奔驰	宝马
黑		Black	B	BLK	B	BLK	sw	BK	SW
白		White	W	WHT	W	WHT	ws	WH	WS
红		Red	R	RED	R	RED	ro 或 rt	RD	RT
绿		Green	G	GRN	G	GRN	gn	GN	GN

续表

颜色	色标	英文	中国	美国	日本	本田、现代	大众、奥迪	奔驰	宝马
深绿		Dark Green	DK GRN						
淡绿		Light Green	LT GRN	Lg	LT GRN				
黄		Yellow	Y	YEL	Y	YEL	ge	YL	GE
蓝		Blue	BL	BLU	L	BLU	bl	BU	BL
淡蓝		Light Blue	LT BLU	Sb	LT BLU				
深蓝		Dark Blue	DKBLU						
粉红		Pink	P	PNK	P	PNK		PK	RS
紫		Violet	V	PPL	PU	PUB	Li 或 vi	VT	VI
橙		Orange	O	ORN	Or	ORN			OR
灰		Grey	Gr	GRY	Gr	GRY	gr	GY	GR
棕		Brown	Br	BRN	Br	BRN	br	BN	BR
棕褐		Tan		TAN					
无色		Clear		CLR					

三、高压导线

高压导线用来传送高压，在汽车点火线圈或点火模块至火花塞之间的电路使用高压点火线，简称高压线。由于工作电压很高（一般都在 10kV 以上）、电流强度较小，因此高压线的绝缘包层很厚、线芯截面积很小，但耐压性能很好。高压线分为普通铜芯高压线及高压阻尼点火线。带阻尼的高压线可抑制和衰减点火系统产生的高频电磁波，降低对无线电设备及电控装置的干扰。如图 4-64 所示为四缸发动机上的高压线。

图 4-64　四缸发动机上的高压线

四、汽车线束

汽车线束是汽车电路的网络主体,连接汽车的电气电子部件并使之发挥功能,没有线束也就不存在汽车电路。目前,不管是高级豪华汽车还是经济型普通汽车,线束组成的形式基本上是一样的,都是由导线、插接器和包裹胶带(棉纱或薄聚氯乙烯塑料)组成,它既要确保传送电信号,也要保证连接电路的可靠性,向电子电气部件供应规定的电流值,防止对周围电路的电磁干扰,并要排除电器短路。

同一种车型的线束在制造厂里按车型设计好后,用卡簧或绊钉固定在车上的既定位置,这样抽头就刚好在各电器设备的接线柱附近,安装时按线号装在电器对应的接线柱上,全车线束一般包括发动机线束、仪表线束、车身线束、照明线束、空调线束等。如图 4-65 所示为汽车仪表线束实物图。

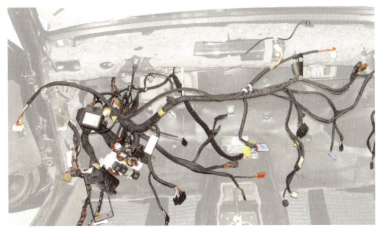

图 4-65　汽车仪表线束实物图

第五章 汽车电脑基础

第一节　数字电路基础

一、模拟信号与数字信号

电路分为数字电路和模拟电路两种。**电压或电流信号随时间变化而连续变化的信号称为模拟信号**，如图 5-1（a）所示，用以处理模拟信号的电路称为模拟电路；**电压或电流信号随时间变化不是连续变化的信号称为数字信号**，如图 5-1（b）所示，用以处理数字信号的电路称为数字电路。

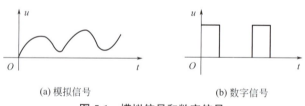

图 5-1　模拟信号和数字信号

模拟信号在时间和数量上都作连续变化，如发动机的进气压力传感器，输出的信号是随着进气压力变化而连续变化的信号，不会发生突变，所以测得的电压无论在时间上还是数量上都作连续变化。数字信号在时间上和数量上都是离散的、不连续的，如光电式曲轴位置传感器，输出的信号是遮光盘不断通过光电耦合器而产生的"有"或"无"（透光或遮光）的规律变化的脉冲信号。

在汽车电子电路中，电信号主要在传感器、ECU 及执行器件之间进行传递。传感器输入 ECU 的信号大体上可以分两大类，即数字信号与模拟信号。

数字信号与模拟信号不同，它的电压值本身没有什么意义，而我们关心的只是有无电压（脉冲）、间隔电压出现的次数（脉冲数量）、高电压或低电压维持的时间（脉冲宽度）等，数字信号与模拟信号的特性不同，在检测时一定要区分开。

二、二进制

汽车上传递的电信号很大一部分是数字信号。数字信号的特点是只与电平高低的变化有关，而与电平的具体大小关系不大，传递的信息经常是"有"或"无"、"开"或"关"等非此即彼的关系，这种关系被称为"二值逻辑"。**在二值逻辑中用数字1和0代表两个状态，与之对应的电路是三极管的开或关，或者是电平的高或低**。由于数字电路处理的是状态变换，所以对元件精度要求不高，易于集成，成本低廉，使用方便。组成的数字系统工作可靠，精度高，抗干扰能力强，在各个领域应用很广。

数字电路只处理1和0两种状态，所以在数字电路中广泛采用二进制。二进制包括二进制数和二进制码。二进制数表示电路状态和数量大小，二进制码不仅表示数量大小，还可以表示一定的信息，称为代码。

1. 二进制数

人们日常生活中最常用的是十进制。十进制用 0～9 共 10 个数字来表示数量的大小，比如 56，个位上的 6 表示 6 个 1，而十位上的 5 表示 5 个 10，即 50，所谓"逢十进一"。

位权的概念：5 与 6 表示的数量不同是因为它们所处的位不同，不同的位具有不同的权重，这叫位权。

十进制位权的表示方法是 10^i（$i=1, 2, 3\cdots$）。在二值逻辑中，只存在两个状态，那么用两个数字 0 和 1 就可以表示所有状态，0 和 1 就构成了二进制。

二进制，顾名思义就是**"逢二进一"**，位权的表示方法是 2^i（$i=1, 2, 3\cdots$）。数字也是从右向左依次排列，如 11（读作"一一"），右边的 1 表示 1 个 1，左边的 1 表示 1 个 2。依此类推，数值 2 用 10 表示；4 用 100 表示；5 用 101 表示等。

2. 二进制码

二进制数按照一定的规律组合在一起，表示一定的信息，这样的一组二进制数称为二进制码。最常用的二进制码是 8421BCD 码，其含义如表 5-1 所示。

表 5-1 8421BCD 码的含义

十进制数	8421BCD 码	十进制数	8421BCD 码	十进制数	8421BCD 码
0	0000	4	0100	8	1000
1	0001	5	0101	9	1001
2	0010	6	0110	10	0001 0000
3	0011	7	0111	11	0001 0001

三、逻辑电路

在二值逻辑中，输入和输出信号（称为变量）只能有两个状态 1 或 0，这里它们不再表示数值的大小，而只表示两种对立的状态。输入和输出之间的关系称为逻辑关系，**实现逻辑关系的电路称为逻辑电路**。常用真值表来描述逻辑电路的逻辑关系。

逻辑电路中实现最基本逻辑关系的电路称为逻辑门电路，简称为门电路。最基本的门电路有与门、或门、非门。

1. 与门

只有决定事物结果的全部条件同时具备时，结果才发生，这种因果关系叫逻辑与，或者叫逻辑相乘。表示的逻辑关系是 Y=AB，如图 5-2（a）所示。

当开关 A 与 B 均闭合时，灯 Y 才亮，用真值表表示为图 5-2（b）。体现的逻辑关系是"全 1 为 1，有 0 为 0"。实现逻辑与关系的门电路称为与门，与门的符号如图 5-2(c) 所示。

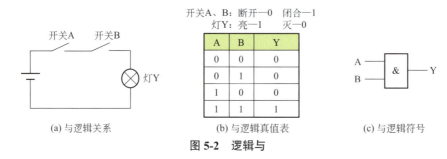

图 5-2 逻辑与

2. 或门

在决定事物结果的诸条件中只要有任何一个满足，结果就会发生，这种因果关系叫逻辑或，或者叫逻辑相加。表示的逻辑关系是 Y=A+B，如图 5-3（a）所示。

当开关 A 与 B 只要有一个闭合，灯 Y 就亮。用真值表表示为图 5-3（b），体现的逻辑关系是"有 1 为 1，全 0 为 0"。实现逻辑或关系的门电路称为或门，或门的符号如图 5-3（c）所示。

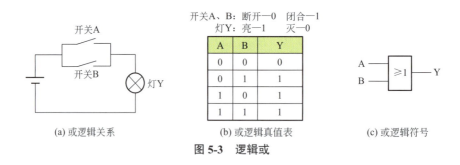

图 5-3 逻辑或

3. 非门

只要条件具备了，结果便不会发生；而条件不具备时，结果一定发生，这种逻辑关系叫逻辑非，也叫逻辑求反。表示的逻辑关系是 $Y=\overline{A}$，如图 5-4（a）所示。

当开关 A 闭合时，灯 Y 就不亮。用真值表表示为图 5-4（b）。体现的逻辑关系是"是 0 则 1，是 1 则 0"。实现逻辑非关系的门电路称为非门，非门的符号如图 5-4（c）所示。

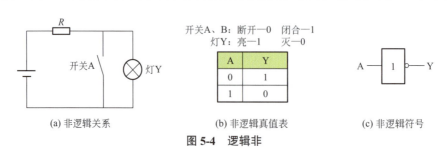

图 5-4 逻辑非

第二节　汽车电脑及控制基础

一、了解汽车电脑

汽车电子控制单元又称为电子控制器（Electronic Control Unit，ECU），俗称汽车电脑。

汽车电子控制单元是汽车电子控制系统的控制中心，其功用是分析处理传感器采集的各种信息，并向受控装置（执行器或执行机构）发出指令。如图 5-5 所示，**ECU 主要由输入接口、微处理器和输出接口组成**。

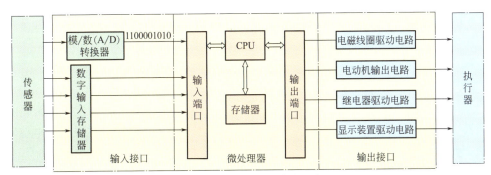

图 5-5　汽车电脑的基本组成

1. 输入接口

输入接口电路主要是完成外部传感器与微处理器之间的信息传递。主要功能是对传感器输入信号进行预处理，使输入信号变成微处理器可以接收的信号。输入信号有模拟信号和数字信号两类。

（1）**针对模拟信号**　输入接口电路需要先滤除杂波，再通过模/数（A/D）转换器将连续变化的模拟量转换成数字量之后，才能输入到微处理器。

（2）**针对数字信号**　输入接口电路需要通过数字缓冲器进行限幅、整形和分频处理后，才能传输到微处理器进行运算处理。

2. 微处理器

微处理器主要由中央处理器（CPU）、存储器（RAM/ROM）和输入/输出（I/O）端口等组成。微处理器在各种存储器的支持下，统一控制各组成部分，对输入信号进行运算处理，并把运算结果输送到输出端口，同时使执行器进行工作。

3. 输出接口

输出接口电路是微处理器与执行器之间的中继站，其功用是根据微处理器发出的指令，**控制执行器动作**。它起着控制信号的生成与放大等功能。常见的输出执行元件通常是一些继电器、电磁线圈和显示器等。

二、汽车电脑控制系统的优点

（1）**具有高的工作可靠性**　汽车电脑由集成度很高的大规模集成电路组成，所以体积小，重量轻，可靠性高。

（2）具有良好的抗震性　汽车电脑控制系统必须承受汽车行驶中产生的强烈冲击和震动，要求系统能承受较大的动载荷。

（3）能在温度大范围变化的情况下正常工作　汽车电脑控制系统的环境温度可能会出现较高或较低且变化幅度较大的情况，要求电控系统的元件能够耐受较大的热负荷，在较宽温度范围内能够稳定工作。

（4）具有抗强电磁干扰的能力　汽车发动机运转过程中会产生强电磁干扰，汽车电控系统能够屏蔽这些干扰，确保输入、输出的信号准确无误。

（5）能在电压波动较大的情况下正常工作　汽车行驶过程中，输出电压波动较大，电控系统必须能在输入电压不稳定的情况下正常工作，保证工作的可靠性。

（6）具有较强的抗腐蚀、抗污染的能力　汽车电控系统不可避免地会经常处于腐蚀介质和污染环境中，必须能够确保系统具有抵抗腐蚀的能力。

三、汽车电脑的种类及应用

汽车电脑控制系统在汽车上应用非常广泛，目前主要有发动机电脑控制系统、电控自动变速器、防抱死制动系统（ABS）、电子防滑系统（ASR）、电控悬挂系统、电控动力转向系统、四轮转向控制、电控巡航系统、安全气囊控制系统、汽车空调控制系统、车辆信息显示系统、汽车导航系统、移动通信系统等方面。

1. 发动机电脑控制系统

发动机电脑控制系统主要包括电控汽油喷射系统、电控汽油点火系统、发动机怠速控制系统、废气再循环控制系统、汽油机进气控制系统、气缸变排量控制系统、可变压缩比系统、柴油机电控系统等。

2. 电控自动变速器

电控自动变速器能根据发动机节气门开度和车速等行驶条件，由 ECU 按照换挡特性和换挡规律，精确控制变速比，使汽车达到最佳挡位。它与机械系统比较，具有高精度动力传动效率、低油耗、改善换挡舒适性和延长使用寿命等优点。

3. 防抱死制动系统和电子防滑系统

防抱死制动系统和电子防滑系统都是汽车的主要安全装置，防抱死制动系统可防止汽车制动时车轮被抱死而产生侧滑，提高车辆制动的稳定性和可操纵性；电子防滑系统用来防止汽车起步和加速时驱动轮打滑，提高车辆起步或加速时的稳定性和可操纵性。

4. 电控悬挂系统

电控悬挂系统可根据不同的路面状况和车辆运行的工况，自动控制车身高度，调整悬挂的弹性刚度和阻尼，改善车辆行驶稳定性、平顺性、操纵性和乘坐舒适性。

5. 电控动力转向系统

电控动力转向系统可根据车速、转向角、转矩等传感器信号自动控制施加在转向盘上的转向力，使汽车在停车或低速行驶时转动转向盘所需的力减小，而汽车在高速行驶时转动转向盘所需的力增大，即在各种行驶条件下实现转向上所需的力都是最佳值。

6. 电控巡航系统

电控巡航系统根据车速传感器、巡航控制开关及定速取消开关信号,通过进气管的真空度或直流电动机控制节气门开度来保持预先设定车速,而驾驶员不需脚踩加速踏板。汽车在高速公路上长时间行驶时,闭合该系统的控制开关,设定巡航车速后,ECU 将根据行车阻力自动增减节气门开度,使汽车行驶速度保持一定,以减轻驾驶员驾车的疲劳。

7. 安全气囊控制系统

安全气囊控制系统是一种被动安全保护装置。其功用是当传感器检测到撞车事故发生时,即向控制器发送信号,而当判断电路根据传感器送来的信号值判断为严重撞车情况时,即触发装在转向盘内的氮气发生器,点燃气体发生剂,产生的高压氮气迅速吹胀气囊。吹胀的气囊将驾驶员与转向盘和挡风玻璃隔开,以防止撞车过程中,驾驶员的头部和胸部直接撞在转向盘或挡风玻璃上发生伤亡事故。

8. 汽车空调控制系统

汽车空调控制系统可根据各种温度传感器(车内温度、车外温度、太阳辐射强度等)输入的信号,计算出经过空调热交换器后送入车内应该达到的出风温度。对混合气调节器开度、风扇驱动电动机转速、冷却器风门、压缩机等进行控制,自动地将车内温度保持在设定的温度范围内。

9. 车辆信息显示系统

车辆信息显示系统也称驾驶员信息系统。由车况监测部件、车载计算机和电子仪表三部分组成。汽车车况监测是传统仪表板报警功能的发展,主要通过液位、压力、温度、灯光等传感器,检测发动机系统、制动系统和电源系统。车载计算机提供的信息能提高行车的安全性、燃油经济性和乘坐舒适性等。

10. 汽车导航系统

汽车导航系统由 GPS 接收机、电子地图等组成。导航系统通过 GPS 接收机接收卫星信号,解算出自身经纬度坐标,然后与系统内的电子地图匹配,在屏幕上动态显示车辆运行轨迹,驾驶员便可以对当前行车位置一目了然。GPS 系统和地理信息系统可提供大量有用信息,满足车辆定位与导航、交通管理与监控的需要,并为驾驶员提供旅馆、加油站、修车厂等信息。

11. 移动通信系统

移动电话与常规电话不同,它有两个特点:一是蜂窝式移动电话的话机及拨号的按键直接与无线电发射接收器相连,不采用电话线;二是电话可随汽车移动。当通信开始时,移动电话需要选择一个合适的无线电波频道,且必须通过基站的程控电子开关板来控制蜂窝式移动电话与基站连接。由于蜂窝式移动电话是四处移动的,因此还必须了解移动电话所处的位置,这样蜂窝式移动电话才能被覆盖该地区的基站所接通。

四、汽车电脑常见故障

汽车电脑的损坏 90% 是可以修复的。在检修汽车电脑之前,必须认真检查外电路,排除外电路故障,确认外电路正常之后方可对汽车电脑进行检修。因为如果在外电路中存在故障的情况下,易对电脑进行误修,即使修好了或是买回了一块新电脑板,装上去后一试便又因外电路的故障而再次损坏电脑。汽车电脑常见的故障如下。

1. 电脑电源部分故障

一般是因为就车充电时，因充电机电压调整过高，或极性接反，或充电的同时开钥匙，甚至启动电动机，或发动机在运转过程中蓄电池接头松脱造成发电机直接给电路板供电等原因造成的。这种情况一般会烧坏大功率稳压二极管等元件，更换即可，比较容易修复。

2. 输入/输出部分故障

一般是放大电路元件烧坏，有时伴随着电路板上覆铜线条烧断。

3. 电脑板内部芯片损坏

维修人员随意拆开电脑，无意地用手接触电控单元接口，或是用无接地功能的烙铁焊接 ECU 的 CMOS 芯片片脚，造成 CMOS 芯片被静电击穿；维修人员由于对电控系统的原理不熟或者是由于一时疏忽，把 +12V 电源接到传感器 5V 的引脚上，造成内部芯片烧毁。

4. 特殊故障

被水浸过的车辆，电路板会出现腐蚀，造成元件引脚断路、粘连或元件损坏，可通过逐一检查修复或更换元件修复；ECU 安装松脱，在线路板中引起微小裂纹，导致 ECU 损坏等。

第六章 汽车电路图识读

第一节 了解汽车电路图

一、汽车电路的概念

汽车电路是根据汽车电气系统的工作特性和各系统之间的相互联系,利用导线把电源、电路保护装置、控制装置及用电设备等连接起来构成的一个完整的电流通路。

二、汽车电路图的组成

汽车电气系统主要包括电源系统、电子控制装置、照明与信号系统、仪表与报警系统和辅助电器系统等,汽车电路图的组成如图 6-1 所示

图 6-1 汽车电路图的组成

1. 电源系统

电源系统由蓄电池和发电机两部分组成,其作用是向全车用电设备提供低压直流电能。在发动机不工作或启动时由蓄电池供电;在发动机启动后,发电机产生电能向各用电设备供电,同时向蓄电池充电。

2. 电子控制装置

电子控制装置主要由发动机控制系统、自动变速器控制系统、防抱死制动系统（ABS）、电动转向系统、电控悬架系统等组成。电子控制装置控制各个系统在最佳状态下运行，提高汽车的动力性、经济性、安全性和舒适性。

3. 仪表与警报系统

仪表与警报系统主要由组合仪表（包括燃油表、水温表、车速表、发动机转速表等，如图 6-2 所示）、传感器、各种报警指示灯及控制器等组成。其作用是向驾驶员提供汽车运行的各种参数及异常情况，以确保汽车的正常行驶。

图 6-2　组合仪表

4. 照明与信号系统

照明系统分为车内照明和车外照明。车内照明用来满足驾乘人员车内照明的需要，车外照明用来保障车辆在夜间、雨雾天气中行驶的安全。信号系统的作用是告示行人、车辆引起注意，指示车辆的位置、运行状态等，以提高汽车的安全性。

5. 辅助电器系统

为了提高车辆的安全性和舒适性，目前汽车上普遍使用了许多辅助电器设备。如风窗刮水器、电动后视镜、电动车窗、电动天窗、电动座椅等装置，常见的辅助电器如图 6-3 所示。

(a) 前风窗刮水器

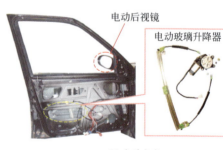

(b) 电动车窗

图 6-3　常见的辅助电器

三、汽车电路的特点

1. 低压供电

汽车电气系统的额定电压主要有 12V 和 24V 两种。汽油车普遍采用 12V 电源，柴油车多采用 24V 电源（由两个 12V 蓄电池串联而成）。

2. 直流电源

汽车发动机靠起动机启动，起动机由蓄电池供电，而向蓄电池充电又必须用直流电源，所以汽车电气系统为直流系统。汽车的直流电是由交流发电机产生的交流电经发电机内部的整流器整流、电压调节器对电压进行调节然后输出的。

3. 采用两个电源

汽车上采用两个电源，即蓄电池和发电机，它们以并联的方式向用电设备供电。蓄电池是辅助电源，在发电机未发电或电压较低（低于蓄电池端电压）时，由蓄电池向用电设备供电；发电机是主电源，当发动机运转到一定转速后，发电机开始向车上的用电设备供电，同时对蓄电池进行充电，以补充蓄电池损失的电能。

4. 装有保险装置

为了防止电路或元件因搭铁或短路而烧坏线束和用电设备，汽车电路中均安装有保险装置，防止产生过流，如熔丝、易熔线等，如果电路出现过流，则在线束和用电设备被损前，这些保险装置将断开。

5. 用电设备并联

汽车的各用电设备均采用并联，每个用电设备都由各自串联在其支路中的专用开关控制，互不产生干扰。在维修汽车电路时，可以单独、方便地拆装用电设备而不会影响到其他用电设备。

6. 采用单线制

单线连接是汽车线路最大的特点。汽车上的用电设备都是并联的，从理论上讲需要一根公共的火线和一根公共的零线。而汽车发动机和底盘是由金属制造的，具有良好的导电性能。因此，利用汽车的金属机体作为各种用电设备的公共导线，而用电设备到电源则只需用一根导线连接，所以称为单线制。

采用单线制可以节约导线，使电路简化，便于安装和检修，因此，现代汽车基本上都采用单线制。

7. 负极搭铁

我国汽车电路采用蓄电池负极搭铁，负极搭铁电路如图6-4所示。

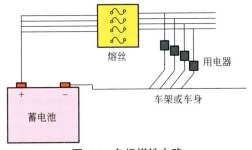

图6-4　负极搭铁电路

8. 汽车电路由单元电路组合而成

汽车电路虽然复杂，但都是由完成不同功能、相对独立的单元电路组成。只要认真读懂每个单元电路，也就能读懂全车电路。

9.汽车线路有颜色和标识特征

汽车导线的数目较多，为了便于识别和检修汽车电器设备，汽车电路中的低压线通常采用不同颜色的导线，并在汽车电路图上用带颜色的字母代号标注出。不同车系导线的颜色代码也不同。

第二节 汽车电路原理图识读方法

由于各国汽车电路图的绘制方法、符号标注、文字标注、技术标准不同，各汽车生产厂家绘制的汽车电路图有很大差异，因此，阅读不同系列的汽车电路图前需要了解电路图的特点，掌握汽车电路图识读的基本方法。

一、熟悉汽车电路绘制规则

在汽车的全车电路图中，电器装置采用从左到右（供电电源在左，用电设备在右，在局部电路的原理图中，信号输入端在左，信号输出端在右）、从上到下（火线在上，搭铁线在下）的顺序进行布置，且各电气系统的电路尽可能绘制在一起。

二、熟悉汽车电路元件符号及含义

熟悉汽车电路图的名称，明确电器符号、文字标注、代码及缩略语的含义，建立元器件和图形符号间一一对应的关系。

1.电器符号

汽车上所有电器设备在电路图中都是用电器符号来表示的。电器符号是简单的图形符号，只大概地表示出电器设备的外形，在图形符号上或旁边用文字说明电器设备的名称。各汽车生产厂家绘制的图形符号各有不同，有的是简单的，有的是复杂的。如图6-5所示是发动机电控单元的符号，图6-5（a）是大众/奥迪/斯柯达车系的符号，它是最常见的发动机电控单元的符号；图6-5（b）、（c）分别是通用车系和宝马车系的符号，在电控单元处画出了简单的内部电路；图6-5（d）是奔驰车系的符号，在电控单元处用英文字母或英文缩写字母标明该端子的作用，并用小箭头符号标明信号是输入还是输出；图6-5（e）是北京现代车系的符号，在电控单元处标注出了信号的名称和类型，从图中可以看出是供电、搭铁、输入信号，还是控制信号；图6-5（f）是丰田车系的符号，在电控单元处用英文缩写字母标明该端子的作用；图6-5（g）是本田车系的符号，在电控单元处画出了简单的内部电路，并用英文缩写字母对端子进行了标注。

有的电器符号也简单地表达出电器设备内部的工作原理和电路，如图6-6所示的起动机的符号，从图中可以看到启动电动机、电磁开关线圈、电磁开关触点以及它们之间线路的连接关系。

第六章　汽车电路图识读

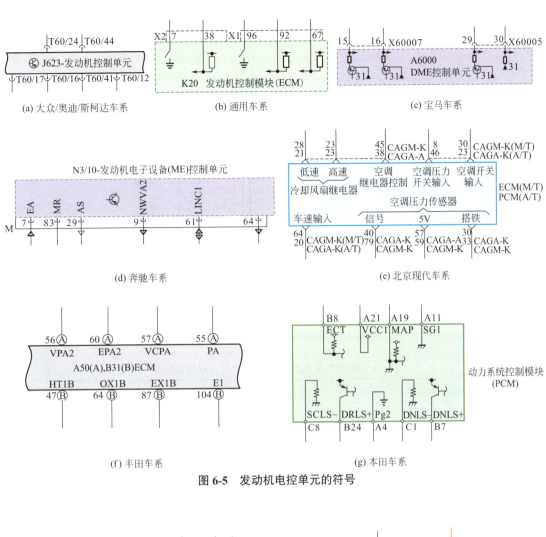

图 6-5　发动机电控单元的符号

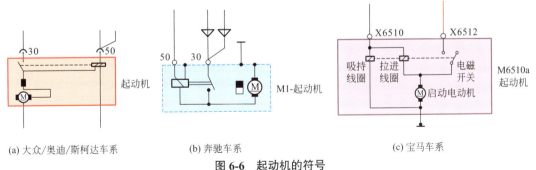

图 6-6　起动机的符号

2. 电器设备端子标注

为了查找和维修汽车电路的方便，在电路图中用一定数字、字母对电器设备的接线端子进行了标注（图 6-7），了解这些端子的标注，可以准确找到导线和相应的接线端子。各国汽车制造厂家对端子的标注方法不尽相同，表 6-1 所示是德国汽车电路设备端子的部分标注说明。

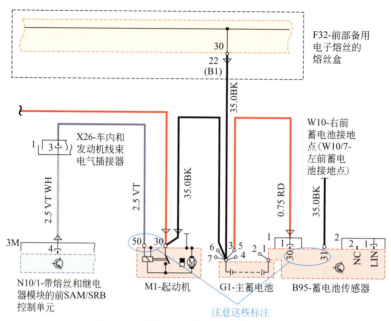

图 6-7 奔驰汽车电器设备端子标注示例

表 6-1 德国汽车电路设备端子的部分标注说明表

端子	说明
15	点火开关在"ON""ST"时有电的接线端
30	蓄电池正极电压
31	蓄电池负极
B+ 或（+）	蓄电池正极
GND 或（-）	接地
50	起动机控制端
54	制动灯
56a	远光灯
85	继电器电磁线圈接地端
86	继电器电磁线圈供电端
87	继电器触点输入端
87a	继电器触点输出端

3. 汽车电路中的缩略语

由于电路图幅面有限，因此对各元器件的注释大量采用缩略语。缩略语有的是系统英文名称的缩写，例如 ABS（Anti-lock Braking System）来表示防抱死制动系统，AT（Automatic Transmission）来表示自动变速器。有的用端子所连接的电器设备的英文缩写来作为端子的缩写，例如用 BAT（Battery，蓄电池）来表示该端子连接的是蓄电池，用 INJ（Injector，喷油器）来表示该端子连接的是喷油器。

只有正确理解电路图中的缩略语,才能正确阅读电路图。电路图中的缩略语可以通过查阅英汉汽车缩略语词典来了解其含义,也可以通过参考电路图中的说明来了解。

三、熟悉元器件的作用

汽车电路中包括开关、继电器、传感器、执行器、电控单元(ECU)等。

1. 开关

开关是控制电路通、断的关键。电路中主要的开关往往汇集许多导线,如点火开关、车灯控制开关,阅读与开关相关的电路图时应注意分析以下事项。

① 在开关的许多接线柱中,找出哪些是接电源的,哪些是接用电器的,接线柱旁的接线符号代表什么意思。

② 蓄电池或发电机的电流是通过什么路径到达这个开关的,中间是否经过其他开关和熔丝,控制开关是手动按钮还是自动控制的。

③ 开关共有几个挡位,每个挡位有什么作用,在每个挡位中,哪些接线柱通电,哪些接线柱断电。

④ 各个开关分别控制什么用电器,被控制的用电器有什么作用和功能。

⑤ 在被控的用电器中,哪些电器处于常通,哪些电路处于短暂接通;哪些应先接通,哪些应后接通,哪些单独工作,哪些应同时工作。

2. 继电器

继电器起开关作用,它是利用电磁或其他方法(如热电或电子),控制某一回路的接通或断开,实现用小电流控制大电流的目的,从而减小控制开关触点的电流负荷。在分析带继电器的电路时,要分清主回路和控制回路,如图6-8所示为一汽大众捷达NF供电继电器工作电路,图中红色箭头所示的回路为控制回路,绿色箭头所示的回路为主回路。

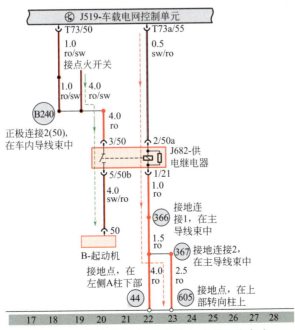

图 6-8 一汽大众捷达 NF 供电继电器工作电路

3. 传感器

汽车电路中的传感器经常共用电源线、接地线，但绝不会共用信号线（图 6-9）。我们在分析传感器电路时，可用排除法来判断电路，即排除其不可能的功能来确定其实际功能，如分析某一具有三根导线的传感器电路时，如果已经分析出其电源电路、接地电路，则剩余的电路必然为信号电路。

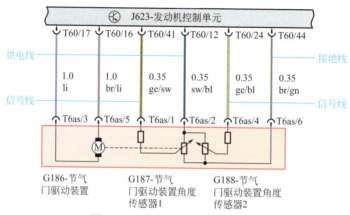

图 6-9　一汽大众迈腾节气门电路

4. 执行器

汽车电路中最常见的执行器主要是喷油器、点火线圈、换挡电磁阀、怠速步进电动机、空调压缩机等。执行器要正常工作需要三个信号，即电源信号、接地信号和控制信号。控制信号主要由控制单元送出，在汽车电路中，我们会看到执行器共用电源线、接地线甚至控制线的情况。如图 6-10 所示电路中，点火线圈 N70、N127、N291、N292 就共用了电源线和接地线。

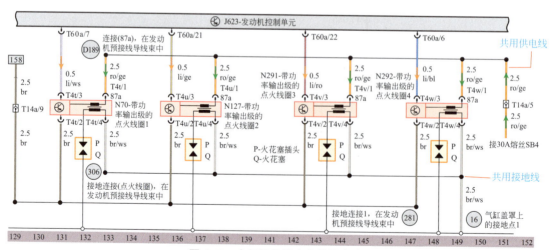

图 6-10　全新帕萨特点火线圈电路

5. 电控单元（ECU）

汽车电子控制系统越来越多，在识读汽车电子控制系统电路图时，要以电控系统的

ECU 为中心，因为这是整个系统的控制中心，所有电器部件都必然与这里发生关系。

对 ECU 的各个接脚有大致印象，弄清楚分为几个区域，各区域接脚排列的规律。

找出该系统给 ECU 供电的电源线有哪些，注意一般 ECU 都有不止一根电源线，应弄清楚各电源线的供电状态（如常火线或开关控制）。

找出该系统的搭铁线有哪些，注意分清楚哪些是在 ECU 内部搭铁，哪些是在车架上搭铁，哪些是在各总成机体上搭铁。

找出哪些是系统的信号输入传感器，各传感器是否需要电源，并找出相应的电源线，该传感器在哪里搭铁。

找出系统的执行器有哪些，弄清电源供给和搭铁情况，以及电脑控制执行器的方式（控制搭铁端或电源）。

四、运用回路的原则

任何一个完整的电路都是由电源、熔丝、开关、控制装置、用电设备、导线等组成的。 电流流向必须从电源正极出发，经过熔丝、开关、控制装置、导线等到达用电设备，再经过导线（或搭铁）回到电源负极，构成回路，因此读电路图时，有三种思路。

（1）思路一　沿着电路电流的流向，由电源正极出发，到熔丝、开关、控制装置、用电设备等，回到电源负极。

（2）思路二　逆着电路电流的方向，由电源负极（搭铁）开始，经过用电设备、控制装置、开关、熔丝等回到电源正极。

（3）思路三　从用电设备开始，依次查找其控制开关、连线、控制单元，到达电源正极和搭铁（或电源负极）。

五、利用汽车电路图的一般规律

把全车电路化整为零，按功能及工作原理划分成若干独立的电路系统，这样容易分析问题，理出头绪。汽车整车电路一般都按各个电路系统来绘制，如发动机控制系统、变速器控制系统、ABS、SRS、空调等，这些单元电路都有它们自身的特点。掌握各个电路系统的工作原理，理解整车电路也就容易了。下面分别介绍各系统电路图识读要领。

1. 怎样识读电源电路

汽车电路要正常工作，必须具备良好的供电。查看电源就是要看清楚蓄电池的电源都供给了哪些元件。与电源正极连接的导线在到达用电器之前是电源电路；与接地点连接的导线在到达用电器之前为接地电路。汽车电路的电源一般来说有常电源和条件电源两种。

（1）常电源　就是在蓄电池正常的情况下，均有规定电压的电源线。如图 6-11 所示，30 号线接蓄电池正极，称为"常火线"。

（2）条件电源　就是在一定的条件下才有规定电压的电源线。

15 号线是小容量火线。 当点火开关位于 ON（接通）或 ST（启动）挡时，30 号线经点火开关接中央继电器盒内的 15 号线，称为"钥匙来电"。

卸荷线 X 是大容量火线。 雾灯、刮水器、风窗加热等用电取自 X 线，只有在点火开关位于 ON 挡时 X 触点继电器 J59 才工作，30 号线电经 X 触点继电器触点接通 X 线，而在点火开关位于 ST（启动）挡启动发动机时 X 线断电，使得即便上述大负荷用电器忘记关闭，它们也将自动断电，从而保证发动机能顺利启动。

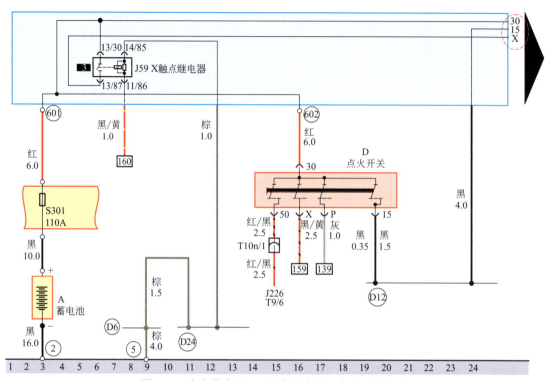

图 6-11　汽车蓄电池、X 触点继电器、点火开关电路

2. 怎样识读启动电路

识读启动电路必须先找到点火开关、启动继电器及电磁开关控制电路，分析启动继电器工作的条件。

3. 怎样识读点火电路

找点火电路时，先找点火控制器、点火线圈、火花塞及点火开关。

4. 怎样识读照明电路

找照明电路时，先找车灯控制开关、大灯、小灯及各种照明灯。照明灯电路一般接线的规律是：小灯与大灯不同时亮；大灯的近光灯与远光灯不同时亮；仪表照明灯、尾灯、牌照灯等一般并联，受同一开关控制。

5. 怎样识读仪表电路

找仪表电路时，先找组合仪表、点火开关、仪表传感器及仪表电源稳压器。有些车辆仪表和指示灯共同显示一种参数，如充电、油压、油量及冷却液温度等，它的指示灯是闪烁的，由一个多谐振荡器控制，同时还有蜂鸣器报警。

6. 怎样识读信号控制电路

由于信号装置属于随时使用的短暂工作的设备，如喇叭、制动灯、转向灯等，找信号控制电路时应注意它一般是接在经常有电的导线上，且仅受一个开关控制，以免影响信号的发出。

7. 怎样识读辅助装置控制电路

找辅助装置控制电路时，应首先熟悉辅助装置的图形符号和有关控制开关及其功能，然后遵循从电源→熔丝→控制开关→用电设备的原则进行分析。

第三节　各品牌车系电路图识读方法

汽车电路有相同点，识读电路图的原则也相同，但由于世界各国汽车制造厂家电路图的绘制没有统一的标准，所采用的电器符号、电路图表达方法等都存在很大差异。因此在识读电路图前，必须了解该厂家电路图的绘制标准、电路符号、电路图的特点，才能正确识读各车系电路图。

一、大众/奥迪/斯柯达汽车电路图识读方法

大众/奥迪/斯柯达汽车电路图的绘制标准、电路符号、电路图的特点完全相同，下面以大众车系为例，介绍其电路图识读方法。

1. 大众汽车电路符号

大众汽车电路符号及含义如表 6-2 所示。

表 6-2　大众汽车电路符号及含义

电路符号	电路符号	电路符号	电路符号	电路符号	电路符号	电路符号
交流发电机	继电器	发光二极管	电动机	灯泡	多挡手动开关	压力开关
起动机	感应式传感器	电阻	按键开关	显示仪表	氧传感器	机械开关
火花塞和火花塞插头	熔丝	可变电阻	电子控制器	电磁阀	喇叭	温控开关
点火线圈	内部照明灯	电磁离合器	爆燃传感器	双速电动机	蓄电池	手动开关
	电热元件	点烟器	扬声器	插头连接	元件上多针插头连接	接线插座

2. 大众汽车常见元器件字母代号含义

大众汽车电路图中，电器元件在电路图中是主体，电器元件在图中用框图辅以相应的代号表示，通常用字母或字母加数字的组合对元件进行标注，每一个元件都有一个代号，例如 A 表示蓄电池，B 表示起动机，C 表示交流发电机等。了解这些字母的含义，对电路的识读和维修有很大的帮助。表 6-3 中列出了大众汽车常用的元器件字母代号含义。

表 6-3 大众汽车常用的元器件字母代号含义

代号	含义	代号	含义	代号	含义	代号	含义
A	蓄电池	G	以 G 开头多为仪表、传感器类	M	车外照明、信号灯类	T	插接器代号
B	起动机					U	点烟器、插座类
C	交流发电机	H	电喇叭类	N	电磁线圈类	V	电动机类
C1	电子电压调节器	J	继电器、控制元件	P	火花塞插头	W	车内照明灯类
D	点火开关	K	指示灯类	Q	火花塞	X	牌照灯
E	手动开关	L	雾灯、开关/按钮照明灯类	R	收音机	Y	模拟表、数字钟类
F	自动开关			S	熔丝类	Z	加热装置类

3. 大众汽车电路接线代码说明

在大众汽车电路图中，电路元件的接线点都以接线代码的方式标注出来。这些代码无论在电路的何处出现，相同的代码都代表相同的接点，在图 6-12 中，起动机 B 上有两个接线代码，分别为 30 与 50 的接点，而在点火开关 D 上也有代码为 30 与 50 的两个接点，这两个元件的代码为 30 与 30 之间是相连接的，30 号线表示常电源，直接与蓄电池正极相连接，不受点火开关的控制；代码 50 与 50 之间也是相连接的，50 号线是受点火开关控制的，只有在点火开关位于启动挡时，50 号线才得电并供给负载电路。大众汽车电路常用接线代码说明如表 6-4 所示。

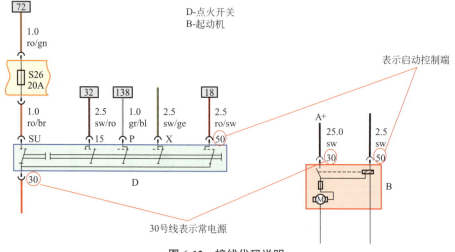

图 6-12 接线代码说明

表 6-4　大众汽车电路常用接线代码说明

端子	说明	端子	说明
1	点火线圈负极端（转速信号）	67	交流发电机励磁端
4	点火线圈中央高压线输出端	85	继电器电磁线圈接地端
15	点火开关在"ON""ST"时有电的接线端	86	继电器电磁线圈供电端
		87	继电器触点输入端
30	接蓄电池正极的接线端，还用31a、31b、31c…表示	87a	当继电器线圈没有电流时，继电器触点输出端
31	接地端，接蓄电池负极	87b	当继电器线圈有电流时，继电器触点输出端
49	转向信号输入端		
49a	转向信号输出端	B+	交流发电机输出端，接蓄电池正极
50	起动机控制端，当点火开关在"START"时有电	B-	接地，接蓄电池负极
		D+	发电机正极输出端
53	刮水器电动机接电源正极端	D	同 D+
54	制动灯电源端	D-	接地，接蓄电池负极
56	前照灯变光开关正极端	DF/EXC	交流发电机励磁电路的控制端
56a	远光灯接线端	DYN	同 D+
56b	近光灯接线端	E/F	同 DF
58	停车灯正极端	IND	指示灯
61	发电机接充电指示灯端	+	辅助的正极输出

4. 熔丝与继电器

大众车系中，熔丝与继电器多采用中央配电盒方式，如捷达、帕萨特、桑塔纳轿车等。如图 6-13 所示为捷达轿车中央配电盒，它几乎集中了全部熔丝，中央配电盒安装在刹车踏板上部，全车熔丝因车型配置不同而有所差异，并且熔丝容量用不同的颜色加以区别，全车极少数熔丝设置在蓄电池附近。中央配电盒内也集中了几乎全部继电器，全车有 6～12 个或 24 个继电器。几乎全部主线束均从中央配电盒背面插接后通往各用电器，这样全车线束也都集中在驾驶室的仪表板附近。

目前大众新款车型中，多采用车载电源控制单元 J519 作为中央配电盒。它具有供电端子控制、灯光控制、雨刮控制、转向信号控制、风挡玻璃加热、个性化设置等功能。

新款车型中，熔丝盒也自成一体，不与继电器混装在一起，有的装在左侧仪表台下，有的装在右侧仪表台下，如图 6-14 所示。通常厂家会在维修手册中给出各种车型熔丝、继电器位置与名称，供读者查阅。

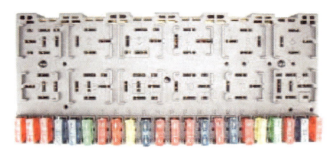

图 6-13 捷达轿车中央配电盒

(a) 仪表台左侧熔丝支架SC熔丝

(b) 仪表台右侧熔丝支架SD熔丝

图 6-14 一汽大众帕萨特仪表台左侧与右侧熔丝支架

5. 大众汽车电路导线说明

大众汽车电路图表达了两种性质的线路连接方式，即内部连线与外部接线，如图 6-15 所示。

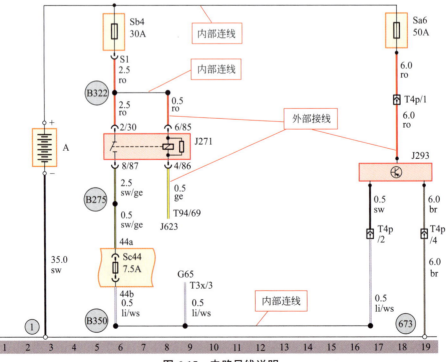

图 6-15 电路导线说明

内部连线在图上以细线画出,这部分连接是存在的,但线路是不存在的。标示线路只是为了说明这种连接关系,同时使电路图更加容易被理解。

外部接线在图上用粗实线画出,每条线上都标注有导线的颜色、导线的截面积。电路导线颜色用字母表示。如果导线是双色的,则以两种颜色的字母共同标记,放在前面的为主色,后面的为辅助色,例如 sw/ge、li/ws 等。导线的截面积以数字标示在导线颜色上方,单位是 mm²。

6. 大众汽车电路图的特点

（1）全车电路图由三部分组成　大众汽车全车电路图分为三部分,如图 6-16 所示。第一部分为中央配电盒电路,其中标明了熔丝的位置及容量,继电器位置编号及接线端子号等;第二部分是车上的电器元件及连线;最下面的横线是搭铁线,上面标有电路编号和搭铁点位置。第三部分搭铁线的标号是人为编制的,在实物中是不存在的,目的是为了方便标明在一页画不完的连线的另一端在何处,方便查找导线。

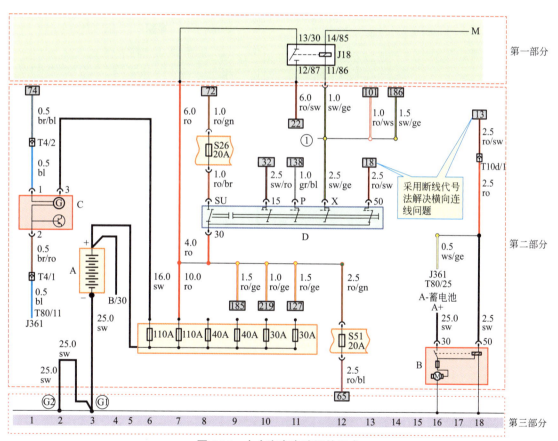

图 6-16　大众汽车电路图的组成

（2）采用断线代号法解决横向连线问题　电路图采用了断线代号法解决线路交叉问题。对于一些线路比较复杂的设备（如前照灯）,它工作时要涉及点火开关、灯光开关和变光开关等配电设备,而这 3 个开关不在同一条纵线上,若按传统画法,必定要画一些横线将它们连接起来,这样图上就会出现较多横线,增加读图难度,为此,该电路图的总线路图采用了断线代号法。如图 6-16 中起动机电路导线的上半段在电路号码为"13"的位置上,下半段在电路号码为"18"的位置上,图中的处理方法是在上半段电路终止处画一个小方框,内标"18",说明下半段电路应在号码为"18"的位置上寻找;下半段电路开始处也有一小个方框,内标"13",说明上半段电路应在号码为"13"的位置上寻找。通过以上4个数字,上、下段电路就有机地联系在一起,从而解决了线路交叉的问题。

（3）电路呈垂直方式分布　总线路采用了垂直画线方式,图上不出现导线交叉,只有中央接线盒内才采用水平画线方式,出现了较多的水平导线,这些水平导线除了15、30、31、50、X外,还有一些临时编号线,如a、b、c、d、e、g、h、m、n、r等（如图6-17中的b、c线）,这些线是在中央接线盒的内部,而在电路图的主体电路部分基本不出现交叉。

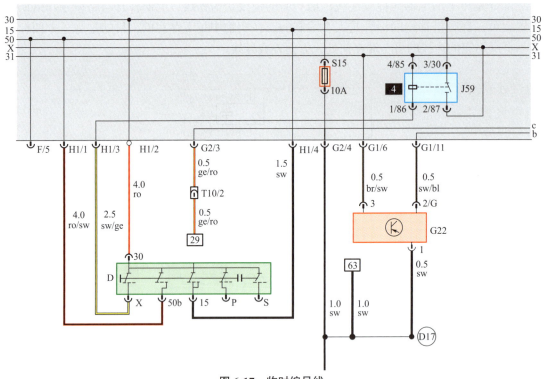

图6-17　临时编号线

（4）搭铁线的标注方式　在搭铁线上,通常用圆圈圈起来的数字（或字母加数字）来表示电路中不同的搭铁点,只要圆圈内的数字（或字母加数字）相同,就说明它们是属于同一个搭铁点。通过这些用圆圈圈起来的数字号,就可以在电路图的说明中查找到搭铁点在车身的位置,如图6-18所示。

（5）在表示线路走向的同时还表示出了线路结构情况　汽车的整个电气系统以中央配电盒（又称熔丝-继电器插座板）为中心进行控制,大部分继电器和熔丝安装在中央配电盒的正面。接插器和插座安装在中央配电盒的背面。图6-16中的J18-X触点卸荷继电器在电路和图上标有13/30、14/85、12/87和11/86,其中分子数13、14、12和11是指中央配电盒上的X触点卸荷继电器各插孔位置（图6-19）,分母数30、85、87和86是指继电器上的4个插脚（图6-20）,分子和分母在插接时是相对应的。

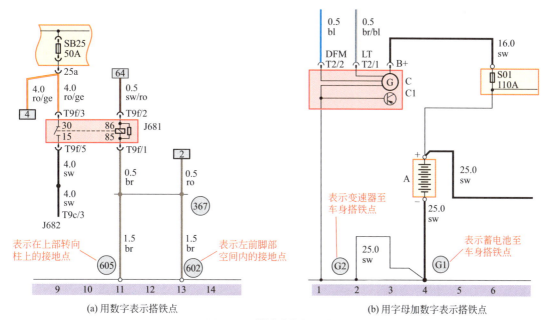

(a) 用数字表示搭铁点   (b) 用字母加数字表示搭铁点

图 6-18　搭铁线的标注方式

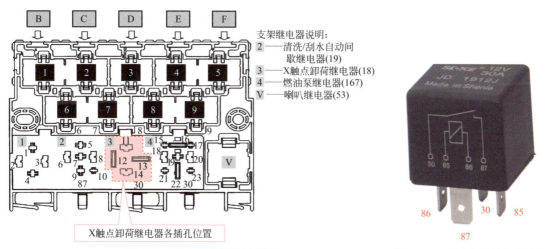

图 6-19　继电器各插孔位置图   图 6-20　X 触点卸荷继电器插脚

分母上数字的含义如下。

85——用于搭铁，即接地线或蓄电池负极搭铁线。

86——用于连接来自于点火开关控制的电源线，即条件电源线（如 15 号线或 X 线）。

30——用于连接蓄电池正极，始终有电或称为常电。

87——受继电器触点控制的电源线。当条件电源通电后，85 号、86 号线导通，继电器线圈产生磁性，吸引 30 号与 87 号线路之间的触点闭合，使用电器通电。

7. 大众汽车电路图识读示例

下面以新速腾蓄电池、起动机、交流发电机、车载电网控制单元电路（图 6-21）为例予以说明。

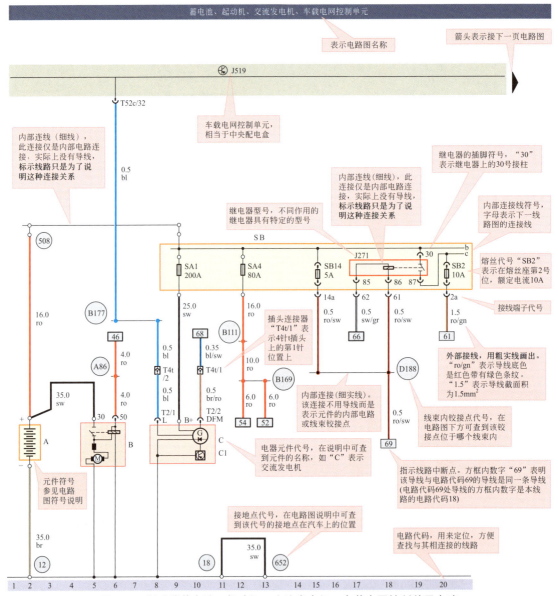

图 6-21 新速腾蓄电池、起动机、交流发电机、车载电网控制单元电路

A—蓄电池；B—起动机；C—交流发电机；C1—电压调节器；J271—主继电器；J519—车载电网控制单元；SA1—熔丝架A上的熔丝1，200A；SA4—熔丝架A上的熔丝4，80A；SB—熔丝座B，在发动机舱左侧的电控箱上；SB2—熔丝座B上的熔丝2，10A；SB14—熔丝架B上的熔丝14，5A；⑫—发动机舱内左侧接地点；⑱—发动机缸体上的接地点；508—螺栓连接(30)，在电控箱上；652—变速器和发动机地线的接地点；

A86—连接(50a)，在仪表板导线束中；B111—正极连接1(30a)，在车内导线束中；

B169—正极连接1(30)，在车内导线束中；B177—车内空间导线束中的连接(61)；

D188—正极连接3(30a)，在发动机舱导线束中

从电路图中可以看出，蓄电池正极"+"分两路接线，一条接起动机30端子；另一条接电控箱上的螺栓。

起动机的 30 号端子接蓄电池正极供电端；50 号端子为启动控制端，与方框内代码为 46 的导线相接。

交流发电机"B+"端为电压输出端，接 200A 的 SA1 熔丝。"L"端为充电指示灯控制端，经插头连接器 T4t/2、车内空间导线束中的连接（61）后接载电网控制单元的 T52c/32 端。"DFM"端为交流发电机反馈信号输出端，经插头连接器 T4t/1 后与方框内代码为 68 的导线相接。

主继电器 J271 与熔丝座 SB 一起安装在发动机舱左侧的电控箱上，主继电器的 86 脚为供电端；85 脚为控制端，经电控箱的 62 端后与方框内代码为 66 的导线相接，它实际受发动机控制单元的控制，当发动机控制单元的相应端子输出低电压信号时，主继电器线圈得电，J271 的主触点导通，主继电器的 87 号线与 30 号线导通，蓄电池电压分别供电给相关电器设备。

二、奔驰/Smart 汽车电路图识读方法

在奔驰/Smart 电路图里，采用横、纵坐标来确定电器在电路图中的位置，其中数字为横坐标、字母为纵坐标。电气符号及位置在电路图的前面以文字的方式给出，如图 6-22 所示。

三、宝马/MINI 汽车电路图识读方法

宝马/MINI 汽车电路图识读说明如图 6-23 所示，图中指示出常见图形、符号和代号所表示的意义。

| 文件编号：PE46.35-P-2101-97FAA | 表示电路图的编号 |
| 文件标题：电动动力转向控制单元的电路图 | 表示电路图的名称 |

代码	元件名称	位置
A91/1	电动液压动力转向系统	5A
CAN E	底盘控制器区域网络（CAN）	11K
F32	前部备用电子熔丝的熔丝盒	4L
F99/04	电动液压动力转向熔丝	2L
G1	车载电网蓄电池	3L
N10/1	带熔丝和继电器模块的前SAM/SRB控制单元	8L
N10/1f36	熔丝36	7L
U240	适用于除了ECO启动/停止功能外的所有型号	4G
U250	适用于电子动力转向	4G
U412	适用于电动液压动力转向	1A
W52	右前纵梁接地	4E
X30/30	车辆底板底盘控制器区域网络（CAN）电位分配器电气插接器	11L
X35/6	仪表板和模块盒电气插接器	7G

电气符号及位置说明。其中代码用字母及数字表示电气的种类和编号；位置用数字及字母表示电器的横坐标和纵坐标。如代码为"X30/30"的"车辆底板底盘控制器区域网络（CAN）电位分配器电气插接器"，位置是"11L"，表明元件X30/30在横坐标11和纵坐标L的位置

图 6-22

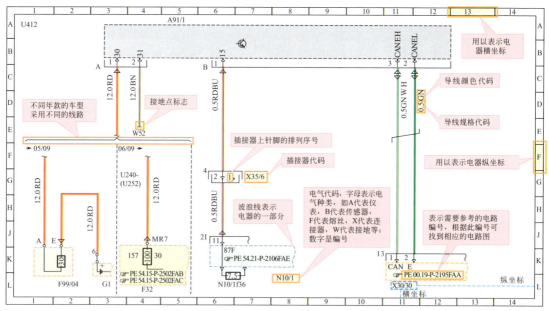

图 6-22 奔驰/Smart 汽车电路图识读说明

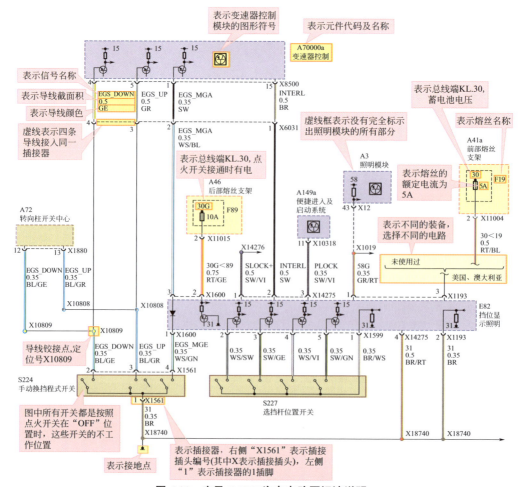

图 6-23 宝马/MINI 汽车电路图识读说明

四、通用别克/雪佛兰/凯迪拉克汽车电路图识读方法

通用别克/雪佛兰/凯迪拉克汽车电路图的绘制标准、电路符号、电路图的特点完全相同，下面以通用别克汽车电路为例，介绍其电路图识读方法，电路图如图 6-24 所示，识读说明如表 6-5 所示。

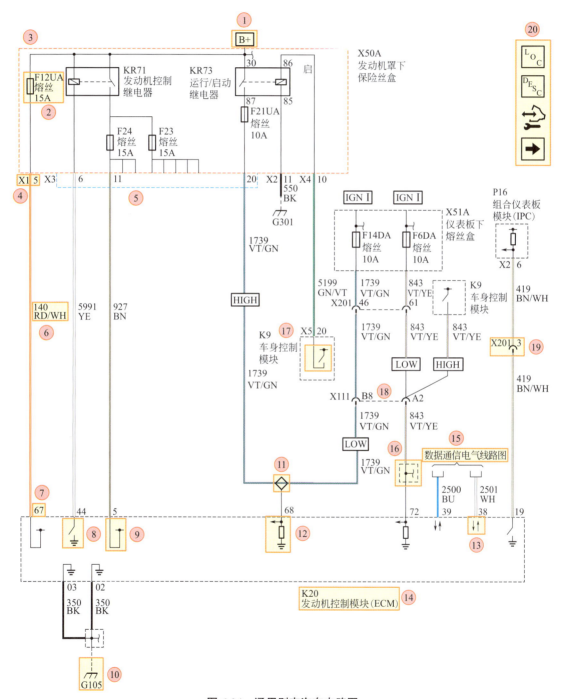

图 6-24　通用别克汽车电路图

表 6-5 电路图识读说明表

序号	说　　明
1	电源接通说明，在电路图的上方用黑框表示，框内文字说明框下熔丝在什么情况下有电。"B+"表示该电路任何时间都有电，电压为蓄电池工作电压
2	表示 F12UA 号 15A 的熔丝
3	虚线框表示没有完全标示出发动机罩下熔丝盒的所有部分
4	表示导线是由发动机罩下熔丝盒的 X1 连接插头的 5 插脚引出，连接插头编号 X1 写在左侧，插脚编号 5 写在右侧
5	虚线表示 6、11、20 插脚均属于 X3 连接插头
6	数字"140"表示该导线所在的电路号码，"RD/WH"表示带白色条的红色导线
7	表示发动机控制模块 K20 的 67 插脚
8	表示输出低压侧驱动开关（-），这里发动机控制模块 K20 的 44 插脚输出低电压信号，控制发动机控制继电器 Kr71 的线圈工作
9	表示输入高电压信号，这里发动机控制模块 K20 的 5 插脚接收来自发动机控制继电器 KR71 的高电压信号
10	符号表示搭铁
11	选装件断裂点，这里表示"HIGH"高配置车型与"LOW"低配置车型的不同电路
12	表示输出下拉电阻器，这里把来自 F21UA 熔丝（HIGH 配置）或 F14DA 熔丝（LOW 配置）的电压信号输出给发动机控制模块的内部控制电路
13	表示串行数据通信功能，该图标表明该串行数据电路详细信息未完全显示
14	表示部件的名称
15	表示需要参考数据通信电气线路图
16	不完整物理接头
17	输出高压侧驱动开关（+），这里车身控制模块输出高电压信号，控制运行 / 启动继电器 KR73 的线圈工作
18	虚线表示两条导线接入同一连接器
19	表示直列线束连接器，左侧"X201"表示连接插头编号（其中 X 表示连接插头），右侧"3"表示直列线束连接器的 3 插脚
20	表示特殊图标提示

电路识读： 电源电路共有四路。

（1）**第一路** 蓄电池正极→发动机罩下熔丝盒内的 15AF12UA 熔丝→发动机罩下熔丝盒的 X1 连接插头的 5 插脚→140 号导线→发动机控制模块 K20 的 67 插脚。

（2）**第二路** 蓄电池正极→发动机罩下熔丝盒内的发动机控制继电器 KR71 的线圈，当发动机控制模块 K20 的 44 插脚输出低电压信号时，发动机控制继电器 KR71 的线圈得电，继电器开关触点闭合。蓄电池正极→KR71 的开关触点→15AF24 熔丝→发动机罩下熔丝盒的 X3 连接插头的 11 插脚→927 号导线→发动机控制模块 K20 的 5 插脚。

（3）**第三路** 分两种情况。一种是 HIGH 配置的车型，当车身控制模块 K9 的 X5 连接插头的 20 插脚输出高电压信号时，发动机罩下熔丝盒内的运行/启动继电器 R73 线圈得电，接通继电器内部的开关触点，蓄电池正极→KR73 的开关触点→10AF21UA 熔丝→发动机罩下熔丝盒的 X3 连接插头的 20 插脚→1739 号导线→发动机控制模块 K20 的 68 插脚。另一种是 LOW 配置的车型，当点火开关在 Accessory（附件）位置时供电，蓄电池正极→仪表板下熔丝盒内的 10AF14DA 熔丝→X201 连接插头的 46 插脚→1739 号导线→X111 连接插头的 B8 插脚→发动机控制模块 K20 的 68 插脚。

（4）**第四路** 分两种情况。一种是 HIGH 配置的车型，由车身控制模块 K9 的 X5 连接插头的 15 插脚输出点火开关辅助电源信号→843 号导线→X111 连接插头的 A2 插脚→不完整物理接头→发动机控制模块 K20 的 72 插脚。另一种是 LOW 配置的车型，当点火开关在 Accessory（附件）位置时供电，蓄电池正极→仪表板下熔丝盒内的 10AF6DA 熔丝→X201 连接插头的 61 插脚→X111 连接插头的 A2 插脚→不完整物理接头→发动机控制模块 K20 的 72 插脚。

搭铁电路： 发动机控制模块 K20 的 02、03 插脚为搭铁脚，经 G105 号搭铁点搭铁。

串行数据电路： 发动机控制模块 K20 的 38、39 插脚为串行数据接口插脚。通过串行数据接口，发动机控制模块与其他电控单元进行数据通信。

故障指示灯电路： 当发动机出现故障时，发动机控制模块 K20 的 19 插脚输出低电压开关信号，经 419 号导线→X201 连接插头的 3 插脚→组合仪表板模块 P16 的 X2 连接插头的 6 插脚。点亮组合仪表板内部的故障指示灯。

五、丰田/雷克萨斯汽车电路图识读方法

丰田/雷克萨斯汽车电路图识读说明如图 6-25 所示。电路图中字母是注释符号，其各部分的含义如下。

（1）**注释标号"A"** 表示系统标题，在电路图上方用刻线划分，区域内用文字和系统符号表示下方电路系统的名称。

（2）**注释标号"B"** 表示继电器盒，不使用阴影，仅用继电器编号来区别于接线盒，图 6-25 中所示的①表示 1 号继电器盒。

例如图 6-26 中所示的 P/W 继电器，椭圆中"2"标识表示接线盒号码，字母"G"表示连接器代码。

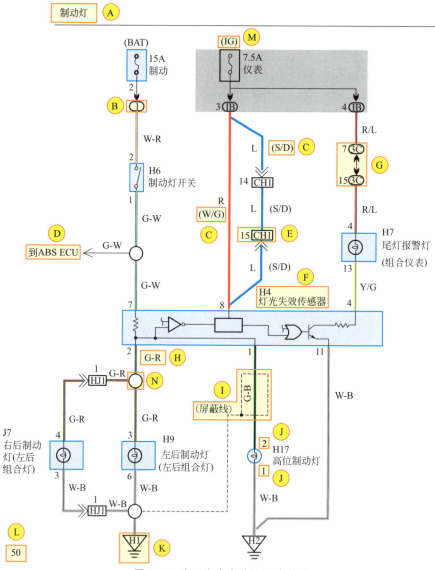

图6-25 丰田汽车电路图识读说明

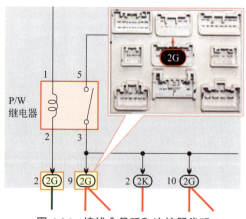

图6-26 接线盒号码和连接器代码

图 6-27 中 2、9 表示连接器的插销号。

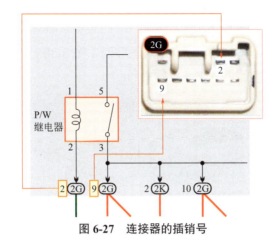

图 6-27 连接器的插销号

图 6-28 中 1、2、3、5 表示 P/W 继电器的插销号。

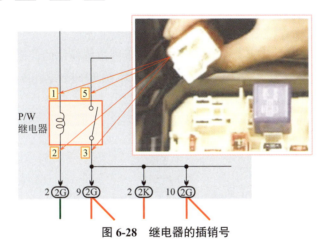

图 6-28 继电器的插销号

在丰田汽车电路图中,接线盒也称为 J/B,包括发动机室接线盒、仪表板接线盒及其他接线盒。接线盒内部电路图描述了接线盒各接插件针脚之间以及各接插件针脚与内部熔丝、继电器的电路连接关系,这些电路是没有导线连接的,但实际的接线是存在的,如图 6-29 所示。

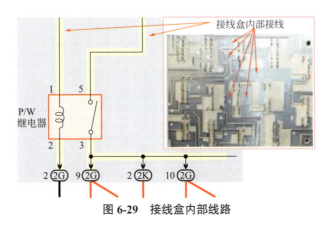

图 6-29 接线盒内部线路

（3）注释标号"C" 当发动机型号或规定不一样时，用"（）"来表示不同的线和连接器。

（4）注释标号"D" 表示相关联的系统。

（5）注释标号"E" 表示线束和线束连接器（图6-30），使用公端子的导线束用箭头"（≫）"来表示，外侧的数字是引脚号码。

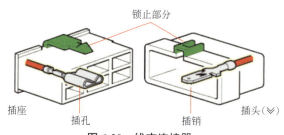

图 6-30　线束连接器

导线束和导线束连接器的第一个字母表示这部分的位置。例如"E"为发动机部分；"I"为仪表板及其相关部分；"B"为车身及相关部分，当多个代码的第一个和第二个字母相同时，后跟数字（例如CH1、CH2）表示相同类型的线束和线束连接器。

（6）注释标号"F" 代表一个零件代码，与零件位置使用的代码相同。

（7）注释标号"G" 代表接线盒（圈中的数字是J/B接线盒的代码，旁边是连接器的符号），接线盒涂阴影以清楚地区别于其他零件。

例如，图6-31中3C表示它在3号接线盒；数字7和15表示两条配线分别在插接器7号和15号接线端子上。

图 6-31　接线盒

（8）注释标号"H" 表示线色，导线的颜色用字母符号表示。

丰田汽车导线的颜色如表6-6所示。当用双色线时，第一个字母表示主色，第二个字母表示辅色。

例如，图6-32中，L表示蓝色，Y表示黄色，丰田车上的各种导线如图6-33所示。

表 6-6　丰田汽车导线的颜色

代号	线色	色标	代号	线色	色标	代号	线色	色标	代号	线色	色标
B	黑色		P	粉红色		Y	黄色		BR	棕色	
G	绿色		R	红色		SB	天蓝色		GR	灰色	
L	蓝色		V	蓝紫色		BE	米黄色		LG	淡绿色	
O	橙色		W	白色							

第六章　汽车电路图识读　147

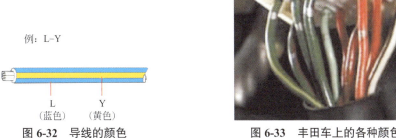

图 6-32　导线的颜色　　　　图 6-33　丰田车上的各种颜色的导线

（9）注释标号"I"　表示屏蔽线，如图 6-34 所示。

图 6-34　丰田汽车上的屏蔽线

（10）注释标号"J"　表示连接器引脚编号，插座和插头编号是不同的，如图 6-35 所示。组合开关连接器引脚编号示例如图 6-36 所示。

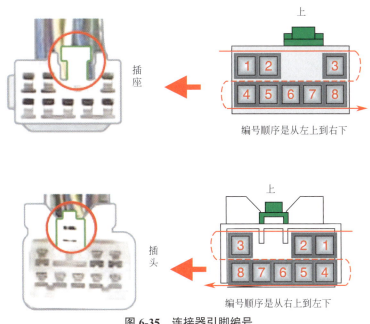

图 6-35　连接器引脚编号

（11）注释标号"K"　表示接地点。接地点把线路连接到车体或发动机上（图 6-37），表示接地点的字符由字母和数字两部分组成，字母表示线束，当有多个接地点同时存在一个线束中时用数字表示以示区别。

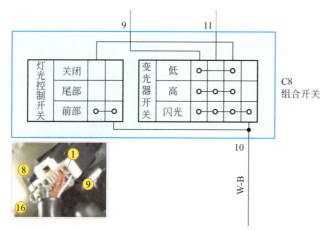

图 6-36 组合开关连接器引脚编号示例

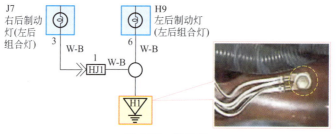

图 6-37 接地点

（12）注释标号"L" 表示在原厂电路图中的页码。

（13）注释标号"M" 表示熔丝通电时的点火开关的位置。

（14）注释标号"N" 表示配线接点，配线接点不通过连接器直接与线路相连，如图 6-38 所示。

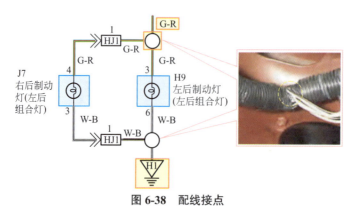

图 6-38 配线接点

六、本田/讴歌汽车电路图识读方法

本田/讴歌汽车电路图识读说明如图 6-39 所示，图中指示出常见图形、符号和代号所表示的意义。

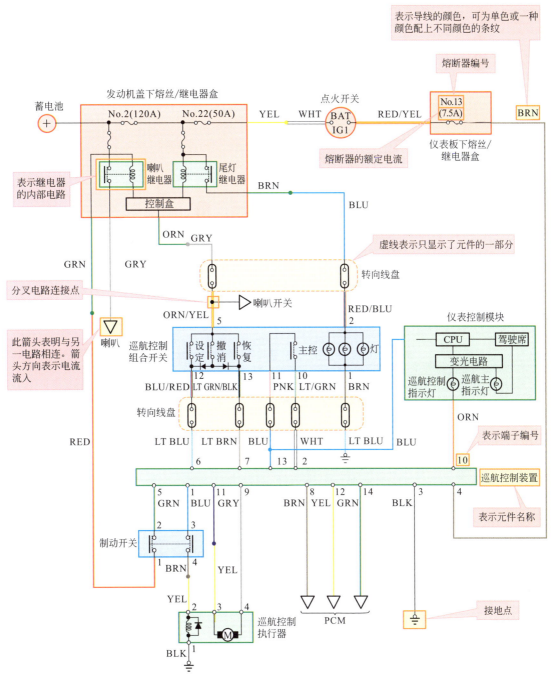

图 6-39 本田/讴歌汽车电路图识读说明

七、日产/英菲尼迪汽车电路图识读方法

日产/英菲尼迪汽车电路图识读说明如图 6-40 所示，电路图中图形、符号和代号所表示的意义说明如表 6-7。

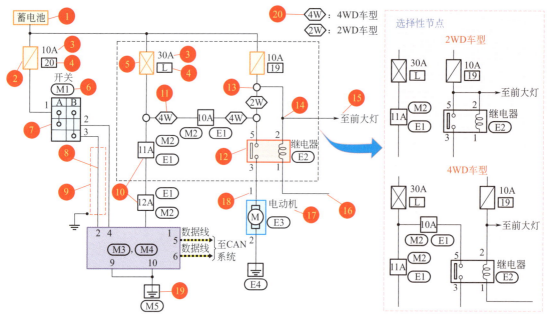

图 6-40　日产/英菲尼迪汽车电路图识读说明

表 6-7　电路图中图形、符号和代号所表示的意义说明

编号	项目	说明
①	电源	表示熔断线或熔丝的电源
②	熔丝	"/"表示熔丝
③	熔断线/熔丝的额定值	表示熔断线或熔丝的额定值
④	熔断线/熔丝的编号	表示熔断线或熔丝的位置编号
⑤	熔断线	"X"表示熔断线
⑥	接头编号	英文字母表示接头所在的线束 数字表示接头的识别编号
⑦	开关	表示在开关处于 A 位置时,端子 1 和 2 之间导通。当开关在 B 位置时,端子 1 和 3 之间导通
⑧	电路(配线)	表示配线
⑨	屏蔽线	以虚线包围的线路表示屏蔽线
⑩	接头	表示一条传输线旁通两个以上接头
⑪	选装缩写	表示将电路布局在"○"之间的车辆规格
⑫	继电器	表示继电器的内部结构
⑬	选择性分叉点	空心圈表示此分叉点为根据车型选配的
⑭	分叉点	有底纹的实心圆"●"表示接合
⑮	系统分支	表明电路分支到其他系统
⑯	跨页	电路延续至下一页
⑰	部件名称	表示部件的名称
⑱	端子号码	表示一个接头的端子数

续表

编号	项目	说明
⑲	接地（GND）	表示接地的连接
⑳	选配说明	表示本页所使用的选配缩写的说明

八、福特/林肯汽车电路图识读方法

福特/林肯汽车电路图识读说明如图6-41和图6-42所示，图中指示出常见图形、符号和代号所表示的意义。

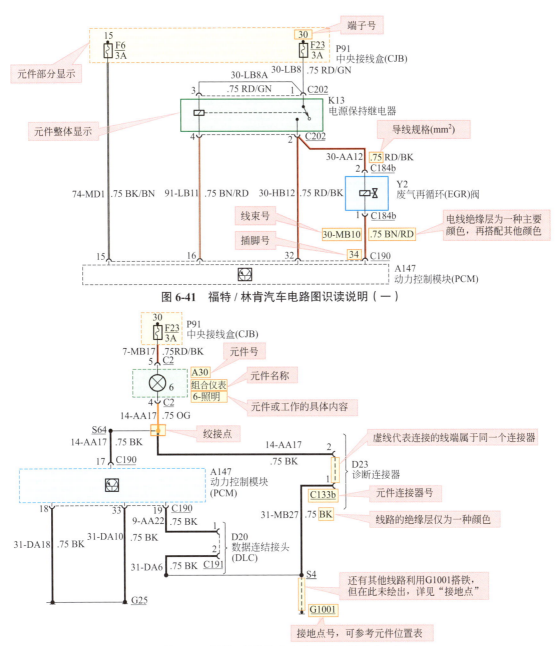

图 6-41 福特/林肯汽车电路图识读说明（一）

图 6-42 福特/林肯汽车电路图识读说明（二）

参考文献

[1] 杨智勇，宫恩利.汽车维修电工入门与技巧.北京：化学工业出版社，2017.

[2] 付百学，苏清源，王革新.汽车电路识图入门.北京：中国电力出版社，2017.

[3] 刘春晖，杜祥.汽车电工新手入门一点通.北京：化学工业出版社，2017.

[4] 阳鸿均.汽车电工电子技能速成一点通.北京：机械工业出版社，2016.

[5] 冯津，马伟.汽车电工电子基础.北京：人民交通出版社，2016.

[6] 孙余凯，孟良，项绮明.图解汽车电工维修入门与提高.北京：化学工业出版社，2016.

[7] 周晓飞.教你成为一流汽车电工——基础篇.北京：化学工业出版社，2016.

[8] 周晓飞.教你成为一流汽车电工——实战篇.北京：化学工业出版社，2016.

[9] 杨智勇，柏德智.汽车电工1000问.北京：化学工业出版社，2015.

[10] 鲍宇，安永东.汽车电工入门.北京：化学工业出版社，2014.

[11] 张振.汽车电工操作技能.北京：中国电力出版社，2014.